SÉ FELIZ ¡YA!

ALICIA CARRASCO

SÉ FELIZ ¡YA!

Papel certificado por el Forest Stewardship Council®

Primera edición: enero de 2020

Printed in Spain - Impreso en España

Diseño de interiores, ilustraciones y maquetación: © Olga Colado

ISBN: 978-84-03-51989-3
Depósito legal: B-22341-2019

Impreso en Gómez Aparicio, S. L.,
Casarrubuelos (Madrid)

AG19893

Penguin
Random House
Grupo Editorial

A mi familia.

Mis amigos.

Mis clientes.

A ti.

Y a mí.

Gracias a Vicente y María Eugenia, por haberme dado el mejor espacio para ser quien soy.

A Patrick Brinksma, por el apoyo incondicional, por la preciosa foto y por llenarme de felicidad.

A la comunidad científica, por cuestionarse y superarse constantemente. Y por su contribución para un mundo mejor.

A Ana Lozano, por confiar en mí y en su instinto, y por darme las claves para sacar lo mejor de este libro.

A la editorial Aguilar y al grupo Penguin Random House, por seguir reinventándose para así poder ofrecer las mejores obras al público.

A los amigos de Vidaes, por ser los primeros que confiaron en mí.

A mí, porque ¡soy la bomba!

Índice

PRÓLOGO

Te doy la bienvenida a esta aventura. Te presento a *Sé feliz ¡ya!*, un libro que tú mismo escribes. No es algo que ni yo ni nadie te pueda contar. Solo tú puedes tomar la decisión de ser más feliz ya, de entrenarte para conseguirlo y de celebrarlo en cada momento. Y eso es lo que encontrarás a lo largo de estas páginas: una combinación de teoría, experiencias personales, herramientas, reflexiones y preguntas para que vayas entrenando y fortaleciendo tu músculo de la felicidad.

Te invito a que reflexiones sobre lo que la felicidad es para ti y que disfrutes con tus logros mientras empiezas este viaje que he escrito con todo mi cariño y mi experiencia.

La teoría que se describe en las páginas que vienen a continuación está basada en mi formación, mi experiencia personal y en la de mis clientes, y además se fundamenta en cientos de estudios científicos referenciados bibliográficamente al final del libro. Muchas de las publicaciones de las que hablo te van a sorprender, otras van a ser la confirmación de algo que siempre has sabido y algunas van a abrir tu mente y la forma en la que percibes lo que te rodea. Siéntete libre de navegar por estas páginas con total libertad dependiendo de lo que te apetezca en el momento. Los tres primeros capítulos son más teóricos y los siguientes más prácticos: puedes seguirlos en orden o alternarlos.

Este es un libro sencillo, igual que la felicidad. Se convertirá en un nutritivo alimento para tu bienestar interior, no solo para tu mente. En algún momento, en cada uno de los capítulos, encontrarás una serie de preguntas que te servirán para aprender más acerca de ti y de tu particular camino hacia la felicidad. Cuando sea el momento de contestarlas, no busques palabras sofisticadas; intenta expresar ideas sencillas que te hagan sentir bien. Te aseguro que a medida que escribas y practiques se irán volviendo más profundas.

Antes de entrar en materia, me gustaría describirte las distintas posturas que puedes adoptar a la hora de empezar a leer este libro:

—«Esto ya me lo sé». Si has leído muchos libros y asistido a muchas conferencias sobre el tema, tal vez crees que ya lo sabes todo. Esta postura te cierra cualquier posibilidad de aprender algo nuevo. Y lo más importante no es si lo sabes, sino si lo aplicas en tu día a día con resultados evidentes. Si todavía no eres feliz, la clave puede estar en cualquier lugar, incluido este libro.

—«A mí no me sirve». Los seres humanos somos muy organizados y solemos clasificar las experiencias, los objetos y las personas en distintas categorías, y somos bastante rápidos haciendo esto cuando todavía no tenemos toda la información. Por eso, antes de pensar si *Sé feliz ¡ya!* te sirve o no te sirve, te pido que leas los cuatro primeros capítulos y practiques con constancia los ejercicios que en ellos te propongo.

—«Solo me interesa la teoría». Te aseguro que la teoría que subyace detrás de estas páginas es preciosa e inspiradora. Sin embargo, el completo potencial se encuentra en la combinación de la teoría con la práctica.

—«Yo no noto nada». La base de *Sé feliz ¡ya!* es que solo tú eres capaz de lograr tu felicidad. Esta es una decisión que puedes tomar en este instante. Así que si no notas nada, ¡decide que ya es hora de empezar a notarlo! Nadie, ni siquiera este libro con toda la información y las herramientas que contiene, puede hacerlo por ti.

—«No tengo tiempo». Lo que quiere decir: «Tengo otras prioridades además de ser feliz». A lo que te respondería con una frase de Tony Robbins[1]: «Si no tienes diez minutos al día, no tienes una vida».

UNA BUSCADORA DE FELICIDAD INCANSABLE

¿Y quién soy yo para hablar sobre la felicidad? Soy una persona feliz que no siempre lo ha sido. Soy una buscadora de felicidad incansable y testaruda que trata de encontrarla y ampliarla día tras día.

Cursé la carrera de Podología porque deseaba ayudar a las personas a sentirse mejor. Mientras estudiaba, asistí junto con unos compañeros a un curso de Reflexología podal, una técnica de más de 4.000 años de antigüedad que trata con masajes los puntos reflejos del organismo que se encuentran situados en los pies. Sinceramente, no íbamos con la voluntad de aprender, sino con la firme intención de probar a la profesora que esa técnica no tenía ninguna base científica y que, por tanto, era inadecuada. Fallamos en nuestro intento, porque a medida que avanzaban las clases fuimos comprobando en primera persona sus efectos. Recuerdo el día que practicamos los puntos reflejos del sistema urinario, ¡acabamos con todo el papel higiénico del baño! Salimos del curso con nuestra mente científica un poco más abierta. Aprendimos que, aunque algo todavía no se pueda entender o comprobar en un laboratorio, la experiencia interna puede demostrar que sí puede funcionar.

En cuanto terminé la carrera y comencé a ejercer como podóloga me di cuenta de que disfrutaba más hablando con mis pacientes y conociendo sus deseos y esperanzas que tratando sus dolencias. Hablé con miles de personas, en su mayoría ancianas. Vi cómo unas llevaban una vida dichosa y sencilla, a diferencia de otras que estaban inmersas en un dolor y un sufrimiento constantes. ¡No parecía haber término medio! Y daba igual cuál fuera el nivel económico, de salud o el estado civil de la persona en cuestión. Trabajaba al mismo tiempo en una de las zonas con mayor poder adquisitivo de Madrid y en otra con muy poco poder adquisitivo. Y el nivel de felicidad que expresaban mis pacientes en ambos lugares era similar. Estas interacciones hicieron que me planteara varias preguntas: ¿cuál era la clave de la felicidad?, ¿qué tenía que hacer para ser feliz y llegar a ser una anciana alegre? y ¿cómo podía ayudar a la gente a ser más dichosa?

LA MEDITACIÓN: UN EXPERIMENTO PERSONAL

A partir de entonces mi objetivo fue encontrar las respuestas a esas preguntas y, como aprendí de Ken Wilber, comencé con un conjunto de experimentos personales llevados a cabo científicamente en el laboratorio de mi propia conciencia. Según Wilber[2]: «Como toda ciencia que se precie, la religión esotérica no se basa en las creencias o los deseos, sino en una experiencia directa válida y verificada públicamente por un grupo de iguales que también han llevado a cabo el mismo experimento. Ese experimento es la meditación». Así que hace quince años me embarqué en un apasionante viaje interior de autodescubrimiento en el que estudié en profundidad sobre energía y vibración. Encontré algo que tenemos en común los seres humanos: los ricos y los pobres; los solteros y los emparejados; los sanos y los enfermos. Todos estamos hechos con la misma energía, que gestionamos a través del foco que ponemos a nuestros pensamientos. Como esa energía está en nuestro interior la podemos moldear con nuestra intención y para acercarnos hacia nuestros objetivos, de tal forma que podemos convertirnos en los creadores de nuestras vidas en lugar de en las víctimas de las circunstancias.

Aprendí y practiqué distintos tipos de meditación y la integré en mi día a día; me formé como profesora de yoga, biodanza y reiki. Comencé a dar clases y cursos, compaginándolos con la podología, profesión que no me satisfacía plenamente, ya que no me permitía desarrollar todo mi potencial ni encontrar resultados duraderos en el bienestar de mis pacientes. Completé mi formación en chamanismo inca, lo que me dio una nueva perspectiva más ampliada sobre quiénes somos y cómo podemos desarrollar nuestras habilidades naturales. Más tarde finalicé mis estudios en coaching personal con la gran Joaquina Fernández, autora del libro *Piensa en ti.* Entonces logré mi gran deseo: hacer de mi pasión mi profesión y recordar a las personas cómo utilizar todo su potencial para crear la vida que desean.

Paralelamente, en estos quince años he estado estudiando y practicando a diario la Ley de Atracción de la mano de Abraham-Hicks (www.abraham-hicks.com), uno de los referentes a nivel mundial en este campo. Y he podido presenciar cómo miles de personas mejoran su calidad de vida al aplicar con constancia estas enseñanzas. Los resultados son inimaginables (ya te contaré algunos ejemplos). En uno de los últimos cruceros, tuve la suerte de ser elegida entre más de mil personas y poder preguntarle a Abraham sobre este libro, y su respuesta fue: «Nunca ha habido un mejor momento para un libro como este, porque nunca ha habido tantas personas lejos de la felicidad, lo que les hace realmente desearla» (Greek Islands Cruise, 2018).

Gracias a estas experiencias y a toda esta formación he tenido acceso al entendimiento, las herramientas y la inspiración necesarios para encontrar la felicidad, y he aprendido también a recuperarla cuando la he perdido. De hecho, las herramientas nuevas que diseño, las encuentro como respuesta a un estado de malestar que he experimentado en mí misma, y soy bastante testaruda, así que cuando una herramienta funciona conmigo, lo más probable es que lo haga con los demás. Considero, por tanto, que he logrado el éxito con mi primera paciente que no es otra que yo misma. También he explorado estados de felicidad cuya existencia jamás hubiera imaginado. Y, lo mejor de todo, he descubierto que la felicidad es el camino más corto hacia el éxito.

TE ACOMPAÑO A SER FELIZ

Siempre he querido compartir mis conocimientos, así que llevo más de diez años acompañando a las personas a ser más felices en Vidaes (www.vidaes.es). Aquí impartimos sesiones individuales de coaching en Ley de Atracción y reiki. Organizamos clases grupales de yoga y biodanza. En este local también hemos desarrollado una Escuela de la Felicidad. En Vidaes se puede aprender a meditar, se realizan talleres de crecimiento personal y Ley de Atracción y también se pueden hacer cursos *online*. En la actualidad, vivo entre España y los Países Bajos, gestiono Vidaes desde mi preciosa casa en la ciudad de Den Bosch y me dedico a escribir, a hacer sesiones individuales y cursos *online* en www.aliciacarrasco.com.

¡COMPROMÉTETE AHORA!

Te puede pasar que al leer una información nueva que se encuentra muy alejada de tu sistema de creencias, tu cerebro comience a segregar epinefrina[3], lo que provoca que te pongas a la defensiva porque piensas que tus pensamientos han de ser protegidos de la influencia externa. ¿Te ha pasado alguna vez? A mí sí, y no es una sensación agradable, por eso quería avisarte. Si te sientes confrontado por lo que lees en estas páginas, los químicos que se liberarán son los mismos que aseguran tu supervivencia en situaciones peligrosas. Cuando estás alerta, la parte del cerebro más primitiva interfiere con el pensamiento racional y el sistema límbico inhabilita la mayor parte de tu memoria, que causa físicamente estrechez de miras. A nivel neural, reaccionas como si te sintieras amenazado, incluso aunque esta amenaza viniera de hechos que podrían ser beneficiosos o con los que de manera racional podrías estar de acuerdo.

Por este motivo he querido convertir este libro en un diálogo, en el que hay espacio para que expreses y profundices sobre tu propia visión de la felicidad, porque tu perspectiva es la más valiosa y beneficiosa. De hecho, me encantará conocerla, así que puedes compartirla en redes sociales. Busca en Facebook el grupo Gente feliz ¡ya! Además, en las siguientes páginas te sugeriré ejercicios de pensamiento positivo que te ayudarán en el entrenamiento de tu felicidad[4] porque las emociones positivas llenan tu cerebro de dopamina y serotonina[5], sustancias químicas que no solo te hacen sentir bien, sino que te facilitan el aprendizaje. Te ayudan a organizar la nueva información, la fijan en el cerebro, la recuperan antes y posibilitan un mayor número de conexiones neuronales, lo que te permite pensar de forma más rápida y creativa, ser más hábil en el análisis y la resolución de problemas y ver e inventar nuevas maneras de hacer las cosas.

Si al leer alguna parte del libro o al hacer alguno de los ejercicios no te sientes bien, no te fuerces, avanza al siguiente capítulo o deja el libro para otro momento. Incluso puede que *Sé feliz ¡ya!* no sea para ti, ya que no existe algo que le guste a todo el mundo (a mí no me gusta la coca cola, por ejemplo).

Según varias estadísticas[6], menos de un 20 por ciento de las personas logran terminar los objetivos que se proponen a largo plazo. Esos individuos son los que consiguen dirigir su vida a su antojo. Deciden emprender un cambio se comprometen y lo llevan hasta el final. Por eso alcanzan el éxito.

Aquellos que quieren el cambio, pero no se comprometen del todo, en algún momento pierden la motivación y abandonan el proceso. No logran el objetivo que se habían trazado y acaban creyendo que es imposible. Así que el éxito depende en mayor medida del compromiso que uno adquiera. ¿Qué me dices? ¿Te atreves a ser parte de ese 20 por ciento?, ¿eliges comprometerte?, ¿por qué te comprometes?, ¿de verdad deseas ser feliz y estás dispuesto a entrenar para lograrlo y después celebrarlo?

¡Escríbelo! ¡Comprométete ahora!

NOMBRE:

....

FECHA:

....

FIRMA:

....

«Eres alegría buscando un lugar para suceder».

Abraham-Hicks,
Boca Ratón, Florida,
13 de diciembre de 2003

1

CÓMO PUEDES SER FELIZ ¡YA!

En 1998 el psicólogo y escritor Martin Seligman, en su discurso de inauguración como presidente de la Asociación Americana de Psicología, sugirió que había llegado el momento de cambiar el enfoque tradicional de la Psicología y comenzar a centrarse más en el lado positivo de esta, es decir: estudiar lo que funciona más que lo que no funciona. En aquella época, que abarca desde el año 1975 hasta el 2000, por cada estudio clínico relativo a la salud había 21 que investigaban solo la enfermedad, pero ¿por qué no centrarnos un poco más en lo que está bien tal y como recomendaba Seligman? Desde entonces esta proporción se ha igualado un poco, pero todavía aquellos que se centran en la enfermedad siguen ganando 9 a 1.

CÉNTRATE EN LO POSITIVO DE TU DÍA A DÍA

Si tienes en cuenta las palabras de Seligman, puedes extrapolar esta recomendación a tu vida, ¿qué pasaría si en lugar de ocupar la mayor parte de tu día pensando en todo aquello que no funciona de tu vida, te dedicaras a pensar en todo lo que sí funciona? ¿Qué consecuencias tendría pensar más en lo que te va bien que en lo que todavía no está exactamente como te gustaría?

EJERCICIO

BRAINSTORMING DE PENSAMIENTOS

Escribe a continuación tus pensamientos, los que se te ocurran como respuesta a las preguntas que acabo de proponerte, sin pensarlo demasiado, como si fuera una lluvia de ideas.

- -

- -

- -

- -

- -

- -

- -

- -

¿Qué ha sucedido? ¿Qué tipo de pensamientos has anotado?

- -

- -

- -

- -

- -

- -

- -

- -

Al analizar tus pensamientos puede ser que te sorprendas de que sin querer te hayas entrenado en el sufrimiento, porque cuando lo hacías obtenías cuidado, atención y ayuda. A lo mejor, tu madre te daba besos cuando te golpeabas, tus amigos te visitaban cuando estabas enfermo y tu pareja te prestaba más atención cuando te ponías celoso. No hay ningún problema en cuidar y dejarse cuidar; sin embargo, mostrarse necesitado como estrategia para recibir afecto no es la mejor opción porque es un mecanismo que te cierra muchas puertas. Piensa: ¿qué es mejor, que te cuiden o ser capaz de cuidarte tú, sentirte feliz, pleno y seguro, y compartir con otras personas ese sentimiento de felicidad?

¿CÓMO PUEDES PASAR DEL SUFRIMIENTO A LA FELICIDAD?

Milton Erickson, médico, psicólogo y pionero en adaptar las técnicas de hipnosis a la psicoterapia, decía: «La vida te traerá sufrimiento por sí sola. Tu responsabilidad es crear felicidad». Y puedes crearla paso a paso, no hay prisa. Porque crear un estado de felicidad plena cuando estás alejado de ella es un proceso que requiere de atención y práctica (recuerda enfocarte siempre en lo que te hace sentir bien), una vez que has tomado la decisión de ser feliz. Caminar desde el sufrimiento hacia la felicidad no es un proceso instantáneo sino gradual. Y además este objetivo es variable, ya que nuestro concepto de felicidad va evolucionando igual que nosotros.

Lo que intento decirte, y lo interesante de esta nueva perspectiva que quiero compartir contigo, es que solo con avanzar un paso hacia la felicidad, ya te vas a sentir más feliz que

«La mayoría de la gente es tan feliz como decide ser».

Abraham Lincoln

antes; incluso podría decirte que solo con dejar de caminar en la dirección del sufrimiento te sentirás mejor de manera inmediata. Así, caminar hacia la felicidad te hará ser más feliz ¡ya!

Si todos tus impulsos, decisiones, si tu vida está enfocada en la dirección del sufrimiento, intentar ser feliz te generará mucha tensión. Si vas en coche a 120 kilómetros por hora, no puedes hacer de repente un giro de 180 grados y cambiar de sentido. Incluso si pudieras, no lo harías porque sería peligroso y perjudicial para ti. Primero has de reducir la velocidad, girar despacio y después acelerar e incorporarte de forma gradual en la otra dirección, ¿verdad?

SI TU MENTE ESTÁ ESTABLECIDA EN EL SUFRIMIENTO, NO PUEDES HACER QUE SALTE A LA FELICIDAD. LO QUE SÍ PUEDES HACER ES RALENTIZARLA Y DESPUÉS COMENZAR A ACTIVAR PENSAMIENTOS MÁS POSITIVOS.

DESACELERA TU MENTE CON LA MEDITACIÓN

Una de las mejores herramientas que conozco para ralentizar la velocidad de la mente es la meditación. La meditación tradicional es un estado de atención enfocada en la propia conciencia, objeto externo, pensamiento o en el propio estado de concentración. La meditación forma parte de diversas religiones o doctrinas filosóficas. Sin embargo, se usa también con propósitos intelectuales o médicos, ya que tiene múltiples beneficios.

Cuando buscas en PubMed (motor de búsqueda de publicaciones científicas) el término *meditation*, aparecen más de 5.000 referencias de publicaciones en revistas de medicina desde principios de los años setenta. Una revisión de los resultados más relevantes de la meditación en la salud[7] identificó unos cuarenta campos en los que resulta beneficiosa: dolor, inflamación, depresión, salud psicológica, etcétera. Otro estudio[8] determinó que una amplia gama de técnicas de meditación tienen efectos beneficiosos en la mente, en el cuerpo y en las emociones. Una investigación con técnicos en radiología[9] demostró que la meditación mejoraba su calidad de vida y su nivel de satisfacción laboral, lo que les permitía brindar una mejor atención a sus pacientes.

¡PONTE A PRACTICAR!

La meditación que te sugiero que practiques es sencilla, y la buena noticia es que la puedes incorporar en tu día a día y te va a ayudar a sentirte mejor, sin muchas más ambiciones. Sería como ofrecer un paréntesis a tu mente activa, que te sirva de reinicio y que te ayude a parar cualquier pensamiento negativo y poder así acelerar después tu pensamiento positivo en dirección a la felicidad.

La meditación no se alcanza dejando de pensar, ya que tu mente está diseñada para que esté activa; es decir, para que siempre esté pensando. El simple hecho de «intentar dejar de pensar» hará que se active más todavía. Los psicólogos lo llaman proceso irónico porque, al suprimir ciertos pensamientos, es más probable que salgan a la superficie (como el típico ejemplo de «no pienses en un elefante rosa» y aparece de forma automática).

Cuando intentas no pensar, puedes encontrarte con una conversación interna de este tipo: «Mente en blanco, mente en blanco. Pues lo veo todo negro. Qué difícil es esto de meditar. ¡Mente en blanco he dicho!». Si has intentado meditar alguna vez, puede que este tipo de parloteo mental te resulte familiar, y también sabrás que no para. Lo que sí puede ayudarte a calmarlo es llevar tu atención a algo que no te genere interés y así se desacelere el ritmo de tus pensamientos. Un buen elemento es tu respiración, o algún sonido que percibas a tu alrededor, u otro objeto que visualices tú mismo (por ejemplo, un punto de luz del color que quieras en el centro de la frente). Cualquier objeto estable al que puedas dirigir tu atención hace que tu mente se calme. Cuando lo consigues, ya te sientes un poco mejor y, como te comenté antes, ya puedes arrancar tu coche en dirección a tu felicidad.

EL SECRETO ES LA CONSTANCIA

El mejor momento para meditar es por la mañana, ya que tu mente está descansada después de sus horas de sueño. Con quince minutos es suficiente para calmar tus pensamientos y dirigirlos hacia la felicidad. Entiendo que te levantes con mucha prisa, por eso te sugiero que lo hagas aunque sean solo cinco minutos. Créeme: van a cambiar el modo en el que afrontas tu día. De corazón te digo que no tienes tiempo de no meditar, porque al hacerlo va a mejorar tu salud emocional, tu creatividad para solucionar problemas y tu atención[10]. Cuando no te sientes bien emocionalmente, te falla la creatividad y tienes problemas de atención, ¡entonces sí que te falta tiempo!

La práctica de la meditación es una herramienta para dirigir tu mente hacia tu bienestar físico y mental, aunque ya has leído que, por su naturaleza, tu mente puede irse en cualquier otra dirección. En estos casos solo tienes que volver a guiarla a través de tu tabla de rescate (respiración, visualización, sonidos, sensaciones...). Tranquilo, el éxito de esta práctica depende de tu entrenamiento. A medida que practiques, te resultará más fácil guiar tu mente y aprender a calmarla.

Muchos alumnos me comentan que no meditan porque lo intentaron una vez y no lo lograron, a lo que siempre les contesto que eso es lo mismo que ir al gimnasio un día, intentar levantar 100 kilos y dejar de ir porque no lo has conseguido. Has de tener en cuenta que la mente es activa, está bien que lo sea, y con la práctica puedes ir entrenándola para que seas tú quien decide su dirección, como si fuera un niño al que vas educando. Para ponerte en perspectiva, te diré que hace diecisiete años que medité por primera vez, que he guiado meditaciones semanales durante diez años y que hace siete que medito quince minutos cada mañana, y sigue habiendo ocasiones en las que me cuesta calmar la mente. Y no pasa nada, porque para mí la meditación es como el resto de cosas en la vida: lo importante no es hacerlo todo bien, sino sentirte bien durante el proceso y después.

A continuación te explico una serie de ejercicios de meditación sencillos. Elige el que más te guste y practica de forma constante. Ya sabes, ese es el secreto del éxito*.

---

* En mi página web www.aliciacarrasco.com podrás descargarte de forma gratuita mi meditación en un minuto, que podrás usar a lo largo del día, siempre que necesites un descanso.

EJERCICIO

MEDITACIÓN SENCILLA: FOCO EN TU RESPIRACIÓN

Durante cinco minutos, préstale toda tu atención a tu respiración y a las sensaciones que el aire te genera al entrar y salir en todo su recorrido, desde la nariz hasta el abdomen. Pon una alarma para que te avise cuando hayan pasado esos cinco minutos.

Después de realizar el ejercicio te sugiero que apuntes en un cuaderno la respuesta a las siguientes preguntas:

- ¿Qué sensaciones has tenido?

- ¿Te ha resultado fácil?

- ¿Podrías integrar este ejercicio en tu día a día?

Nota: El cuaderno de meditación te ayudará a aprender, fijar y mejorar la técnica mientras observas tu evolución.

APUNTES SOBRE RESPIRACIÓN

La respiración es una herramienta que te ayuda a focalizar tu atención no solo durante la meditación sino todo el día, ya que la respiración siempre va contigo. Te ayuda a conectar con tu interior: con tus sensaciones internas y con tus emociones. Ya te explicaré más adelante la importancia de desarrollar tu sensibilidad emocional a la hora de guiarte hacia un estado de mayor felicidad. Ahora, mientras lees, puedes llevar parte de tu conciencia a las sensaciones que el aire genera en tu interior. Verás cómo la respiración recorre tu pecho y tu abdomen mientras sigues leyendo. Incluso sentirás cómo los efectos de tu inspiración también se extienden más allá. Lleva tu atención a tu inspiración y a tu exhalación y busca las diferentes sensaciones que ambos procesos te generan. Percibe las diferencias que sientes cuando tomas y cuando sueltas el aire. Al cabo de un rato, notarás que estás más presente y que piensas con mayor claridad.

Es importante recalcar que el objetivo de estos ejercicios no es cambiar tu manera de respirar para hacerlo de una forma determinada, sino prestarle atención a tu respiración natural, ya que esta es la que tu cuerpo encuentra más conveniente en este momento. Forzar tu respiración es algo que no se aconseja; en cambio, cuando la haces consciente, te das cuenta de cómo está tu cuerpo y a través de tu respiración puedes relajarlo y así lograr que cuerpo y respiración se armonicen.

Tu respiración puede ser una fuente de placer y bienestar cuando la utilizas de forma consciente. El aire masajea tus órganos internos al fluir por tu interior. Cuando respiras profundamente, puedes incluso sentir un suave masaje desde tu interior hacia los músculos de tu espalda. Se despierta dentro de ti una fuente de sensaciones agradables, que tú generas y que puedes modular siempre que quieras. Tu respiración se convierte así en tu masajista personal y gratuito, que está a tu disposición las veinticuatro horas del día, los siete días de la semana.

Es muy curioso que, mientras estoy escribiendo sobre masajear tu espalda y órganos internos con tu respiración, me lo estoy imaginando y estoy sintiendo sus beneficios. De hecho, acabo de recibir un mensaje de una amiga que me regala un masaje californiano el lunes. Ya irás descubriendo en las siguientes páginas que esto no es una simple casualidad.

EJERCICIO

MEDITACIÓN SENCILLA: SONIDOS A TU ALREDEDOR

Ahora vas a experimentar otro tipo de meditación en la que usas tu capacidad auditiva para concentrarte.

Durante cinco minutos, préstale toda tu atención a los sonidos que te rodean. Si tu mente se desvía no pasa nada, la vuelves a llevar a los sonidos. Pon una alarma para que te avise cuando hayan pasado esos cinco minutos.

Apunta en tu cuaderno de meditación las respuestas a las siguientes preguntas:

- ¿Qué sensaciones has tenido?

- ¿Te ha resultado fácil?

- ¿Podrías integrar este ejercicio en tu día a día?

APUNTES SOBRE EL SONIDO

Los oídos convierten las vibraciones sonoras en impulsos nerviosos que se envían al cerebro. Tus oídos son los intérpretes de la vibración. Estas ondas se crean cuando el aire vibra y el oído las convierte en señales eléctricas que el cerebro puede interpretar.

El sentido del oído es una muy buena forma de conexión con el exterior, ya que nunca descansa. Ni siquiera cuando duermes. Tus oídos siguen activos y escuchan todos los sonidos que te rodean por la noche. Sin embargo, el cerebro apaga la mayoría de los receptores de sonidos para que puedas dormir tranquilo y solo te despiertes si se produce un ruido distinto a los ruidos constantes a los que estás acostumbrado. Se trata de un mecanismo de defensa natural que te permite estar alerta aun cuando estás dormido.

Algo parecido sucede cuando estás despierto: no estás escuchando todos los sonidos que te rodean, tu cerebro elige qué sonidos son relevantes y los registra. Cuando le prestas atención a todos los sonidos que te rodean, te das cuenta de que hay muchos más de los que creías. Por ejemplo, mientras lees estas palabras puedes prestarle atención a lo que oyes a tu alrededor, posiblemente haya un sonido constante de base y otros puntuales que aparecen y desaparecen. De hecho, algunos especialistas afirman que los dos oídos no escuchan por igual los mismos sonidos. Es decir, que el izquierdo percibe mejor la música y el derecho está mejor preparado para escuchar la voz de las personas. ¿Qué diferencias notas entre los sonidos que escuchas por ambos oídos? Probablemente, mientras le estás prestando atención a todos estos sonidos, tu mente está más calmada y te sientes más presente. Estás aprendiendo a integrar la meditación en tu vida, incluso con los ojos abiertos.

EJERCICIO

MEDITACIÓN SENCILLA: SONIDO INTERNO

Durante cinco minutos, préstale toda tu atención a un sonido que crees en tu mente, puede ser una nota musical o un ruido constante. Si mientras realizas el ejercicio tu mente se desvía no pasa nada, la vuelves a llevar al sonido. Recuerda que esto es un entrenamiento y cada vez te resultará más fácil. Pon una alarma para que te avise cuando hayan pasado esos cinco minutos.

Apunta en tu cuaderno de meditación tus respuestas a las siguientes preguntas:

- ¿Qué sensaciones has tenido?

- ¿Te ha resultado fácil?

- ¿Podrías integrar este ejercicio en tu día a día?

APUNTES SOBRE EL SONIDO II

Ya que el oído transforma las vibraciones en impulsos eléctricos que tu cerebro puede entender, tu cerebro también puede generar en tu interior ese sonido sin que esté realmente presente. Esto es posible gracias a una parte del cerebro que nos ha regalado la evolución llamada corteza prefrontal, que es un simulador de experiencias. Los pilotos practican en simuladores de vuelo para no cometer errores en los aviones. Los seres humanos tenemos esta maravillosa adaptación que nos permite tener experiencias en nuestra cabeza antes de probarlas en la vida real. Este es un truco que ninguno de nuestros antepasados de las cavernas podía hacer y que ningún otro animal puede hacer de la misma forma. Es una adaptación maravillosa porque, sin tener que actuar y comprobarlo, puedes saber que a tu sopa de pollo no le va a venir bien añadirle chocolate (o quizá sí, hay gustos para todo).

EL PODER DE LA IMAGINACIÓN

La imaginación es tu capacidad de crear posibilidades en tu mente. Según la RAE, es la «facultad del alma que representa las imágenes de las cosas reales o ideales». Lo que, desde mi punto de vista, se le escapa a esta definición son aquellas imágenes que creas que no son ni reales ni ideales, sino terroríficas. El ser humano es capaz de imaginar posibilidades que parecen salidas de una película de miedo y acabar creyendo que son realidad. ¿Te suena? A mí sí. En alguna ocasión, cuando algún ser querido no me cogía el teléfono durante un rato, me ponía a imaginar los peores escenarios y lo único que sucedía era, por ejemplo, que se había quedado sin batería en el móvil.

Asimismo puedes emplear la imaginación para transformar en realidad las situaciones ideales. Espera, que me ha gustado mucho esta idea, vuelvo a insistir en ella: *con tu imaginación puedes lograr que las cosas ideales se conviertan en reales.*

Imagina por un instante todos tus deseos, esas situaciones ideales que tus vivencias te han ayudado a definir. Para que se conviertan en una realidad tangible primero han de ser una realidad imaginaria, ¿verdad? Tú puedes conseguir todo lo que alguna vez has soñado. Sin embargo, si no puedes pensarlo te va a resultar difícil crearlo.

Tal vez seas de los que cuando intenta llevar algo a cabo lo imagina primero, y puede que te encuentres con situaciones inesperadas que te impiden la consecución de tus objetivos. Mi recomendación en estos casos es que entrenes tu imaginación en las cosas que deseas de modo que las conozcas a la perfección. Solo así el éxito está asegurado. ¿No te lo crees?

En un estudio de *Psychological Science,* los psicólogos de la Universidad de Washington[11] sugieren que la imaginación puede ayudarnos a alcanzar nuestras metas de forma efectiva. Los resultados mostraron que la simple imaginación de una postura puede tener efectos similares a los que realmente supone hacer la postura. Esta idea ha sido apoyada a lo largo del tiempo por oradores, motivadores, psicólogos deportivos y John Lennon: «La imaginación tiene la extraordinaria capacidad de dar forma a la realidad».

Otro ejemplo del poder de la imaginación es el de Natán Sharansky, un informático que pasó nueve años en prisión en la antigua Unión Soviética tras ser acusado de espionaje. Mientras se encontraba en régimen de aislamiento, jugó en su imaginación al ajedrez contra sí mismo y dijo: «¡También podría aprovechar la oportunidad para convertirme en el campeón del mundo!». En 1996, Sharansky venció al campeón del mundo Garri Kaspárov[12].

PENSAMIENTO = ACCIÓN

Los estudios del cerebro[13] ahora revelan que los pensamientos producen las mismas órdenes mentales que las acciones, por lo que pueden servir de entrenamiento. Se ha encontrado que las prácticas mentales pueden mejorar la motivación, aumentar la confianza y la autoeficacia, mejorar el rendimiento físico, preparar el cerebro para el éxito y aumentar los estados de flujo.

Un estudio realizado en la Universidad de Ohio[14] demostró que simplemente con imaginarse realizando un ejercicio se puede tonificar, retrasar la atrofia e incluso fortalecer los músculos. Los investigadores envolvieron las muñecas de los miembros de uno de los grupos de la investigación en un molde y les dieron instrucciones para que permanecieran quietos durante once minutos, cinco días a la semana durante cuatro semanas, mientras se visualizaban haciendo ejercicio. El otro grupo no recibió ninguna instrucción. Al final de las cuatro semanas, los participantes que realizaron el «ejercicio mental» eran dos veces más fuertes que los que no lo hicieron. Además, esos participantes tenían un cerebro más fuerte porque los ejercicios de visualización habían creado vías neuromusculares más robustas. Todo esto con el poder del pensamiento.

¿Te apetece encontrar todo el potencial de tus pensamientos? Si es así, ¡sigue leyendo!

EJERCICIO

EL PODER DE LA IMAGINACIÓN

¿Qué es lo que más te gusta hacer?

Vas a imaginarte durante unos instantes haciéndolo, percibiendo las sensaciones físicas que se generan en tu cuerpo cuando lo haces, visualizando lo que te rodea, despertando las emociones que esa actividad te hace sentir.

- ¿Qué has visualizado?

- ¿Cómo te sentías imaginando que lo hacías?

- ¿Cómo te sientes ahora?

Tu imaginación es extremadamente poderosa y puedes usarla siempre que quieras. Imaginar que haces algo que te gusta te genera las mismas sensaciones que tendrías si lo estuvieras haciendo de verdad.

Mi sueño es que hagas reales tus posibilidades ideales. Y que lo consigas usando el poder que tiene tu pensamiento para ayudarte a ser un poco más feliz a cada momento. Más adelante te enseñaré cómo y seguiré hablándote de la imaginación como vía de creación.

EXPANDIR LA FELICIDAD

Si te centras más en lo que funciona, podrás recrearlo y enseñárselo a las personas que sienten que están en un momento de sus vidas en el que algo no funciona. Según Ruut Veenhoven, un sociólogo holandés pionero en el estudio científico de la felicidad como disfrute vital, una mayor felicidad de un número mayor de personas es posible en nuestra sociedad y esta puede ser «diseñada».

Estoy totalmente de acuerdo con él y este libro es mi humilde aportación para contribuir a la expansión de la felicidad, así que si te resulta útil te invito a que se lo prestes o se lo regales a alguien. Porque estoy segura de que si tienes *Sé feliz ¡ya!* entre las manos, eres de esas personas que otorga a la felicidad un valor importante y compartes conmigo ese deseo de expandirla a todos los que te rodean, ¿a que sí?

Y si es así, estás a punto de descubrir lo intuitivamente brillante que eres, ya que está demostrado[15] que cuando compartes con los demás las cosas buenas que te suceden, el efecto beneficioso es mayor para ti. Y si además percibes que reaccionan de forma activa y constructiva, los beneficios serán todavía mayores. Así que sigue compartiendo tu felicidad, porque es la mejor manera de hacerla crecer.

SÉ GENEROSO

La generosidad estimula la producción de serotonina. Este químico te ayuda a calmarte, a curar tus heridas y en definitiva te ayuda a estar feliz. Según un estudio de la Universidad Emory[16], cuando eres generoso con alguien los centros de placer y de recompensa del cerebro se activan tanto como si tú fueras el receptor de esa generosidad. ¿Te he convencido ya de regalar una copia de *Sé feliz ¡ya!* a tus seres queridos?

Pero sigamos avanzando en materia de la felicidad. ¿En qué consiste exactamente?

EN BUSCA DE LA FELICIDAD

LA FELICIDAD ES EL SIGNIFICADO Y PROPÓSITO DE LA VIDA, LA META GENERAL Y FINAL DE LA EXISTENCIA HUMANA.

ARISTÓTELES

«La felicidad es el significado y propósito de la vida, la meta general y final de la existencia humana». Esto es lo que dijo Aristóteles hace más de 2.000 años y parece que sigue teniendo validez hoy día. Son muchas las hipótesis que se plantean a la hora de conseguirla, pero ¿qué entendemos por felicidad? Recurro de nuevo a la Real Academia Española para buscar una definición: la felicidad es el «estado de grata satisfacción espiritual y física», lo que quiere decir que es un estado de contentamiento que afecta al cuerpo y va más allá de él. Es un sentimiento que, si intentas lograr, puede que se te escape de las manos. Por eso vamos a comenzar a construir sus cimientos.

Como hemos leído en la definición de la RAE, la felicidad es un estado de satisfacción y esta última es una condición más visceral y conocida. La satisfacción es el «cumplimiento del deseo o del gusto». Y en el presente siempre tienes deseos que has conseguido cumplir: puedes respirar profundo, beber agua cuando tienes sed, colocarte en una posición más cómoda cuando notas alguna molestia física, abrigarte cuando tienes frío, etcétera. Centrarte en la satisfacción presente es un proceso sencillo que puedes lograr en unos segundos. Puedes mantener esa sensación agradable por un tiempo y entonces se hará más estable, más intensa y acabará, de forma progresiva, convirtiéndose en felicidad.

Una de las mejores formas de aprender a conseguirlo es con la práctica; cuando aprendes de manera teórica, la información solo se almacena en una parte del cerebro. Sin embargo, cuando aplicas lo que has aprendido y realizas una tarea, varias partes del cerebro comienzan a actuar de forma sincronizada, lo que favorece el aprendizaje a largo plazo. Por eso nunca se te olvida montar en bici o conducir. Esta es la razón por la que este libro está repleto de ejercicios, para que puedas poner las distintas partes de tu cerebro a trabajar a la vez y que esta nueva información feliz quede grabada en todas tus células.

Por eso vamos a practicar con el ejercicio llamado «Exprimir la satisfacción». Como la satisfacción es un estado sencillo de experimentar, vas a usarla como puerta para tu felicidad. Durante todo el recorrido que hagamos juntos voy a mostrarte varias herramientas, primero las pondré yo misma en práctica para que veas cómo se utilizan y después será tu turno.

EJERCICIO

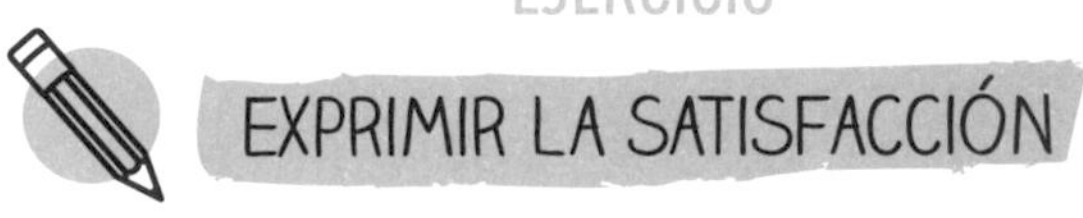

Centra tu atención en la sensación de satisfacción y dirige tus pensamientos hacia ella, buscando razones por las que estar satisfecho:

Así lo haría yo:

«Me siento satisfecha por la comodidad del lugar en el que estoy trabajando, porque puedo respirar profundo, porque mi columna vertebral se encuentra cómoda y puedo cambiar su posición para que lo esté todavía más, porque mi cuerpo me da información sobre lo que necesita, porque un sorbo de agua fresca siempre me hace sentir bien, porque hay un pacífico silencio a mi alrededor, porque mi gata tiene una cara de total satisfacción mientras duerme delante de mí, porque cuando me siento así, los sonidos a mi alrededor me resultan agradables, porque mi mente entra en calma, porque me doy cuenta de que tengo todo lo que necesito en este momento y porque estoy segura de que tú también».

Ahora es tu turno:

¿Por qué te sientes satisfecho?

Nota de la autora: Deja que tus palabras fluyan e intenta sentirlas sin juzgarlas. Conecta con la satisfacción y escribe sobre ella. El propósito de este ejercicio es hacerte sentir satisfecho, así que si te sientes bien mientras lo haces, lo has hecho de forma correcta.

LOS CAMINOS HACIA LA FELICIDAD

En los primeros tiempos de la Psicología positiva, los psicólogos Martin Seligman y Christopher Peterson eligieron tres vías para estudiar la felicidad:

1. *Sentirse bien:* Buscando emociones y sensaciones placenteras en cada momento. Este es el modelo hedonista de felicidad que proponía Epicuro, filósofo griego que abogaba por maximizar el placer y minimizar el dolor como forma de alcanzar la felicidad. Hay maneras sencillas de lograrlo a través de la atención ya que existen muchos estímulos cotidianos que te pueden hacer sentir placer, como respirar, moverte, beber agua, comer, sonreír... Y además, los efectos de exprimir el placer son ampliamente beneficiosos, ya que no puedes sentir placer y dolor, estrés o ansiedad al mismo tiempo. El hecho de entrenar uno te hará disminuir el otro.

2. *Participar plenamente:* El psicólogo Mihály Csíkszentmihályi exploró durante décadas la satisfacción que las personas experimentan en sus actividades diarias y descubrió que sienten más satisfacción cuando están totalmente inmersas y concentradas en lo que están haciendo. Él llamó a este estado «flujo» (en inglés, *flow).* Esto es algo sencillo de aplicar también. Ya que en tu día a día tienes que realizar tareas, puedes usarlas para concentrarte tanto en ellas que llegues a este estado de flujo que te traerá más felicidad.

3. *Haciendo el bien:* Buscar la felicidad yendo más allá de ti es practicar el concepto de eudaimonia de Aristóteles,

que enfatiza conocer tu verdadero yo y actuar de acuerdo con tus virtudes. Además, descubrirás que esta es una de las claves de este libro. Yo lo he llamado «inspiración»: compartir con los demás lo mejor de ti.

Según varios grupos de enfoque y pruebas a cientos de voluntarios[17], se llegó a la conclusión de que cada uno de estos caminos contribuye individualmente a la satisfacción con la vida.

SOLO PUEDES SER FELIZ ¡YA!

El presente es el único momento en el que puedes experimentar algo. Solo puedes sentir, pensar, vivir y ser en el presente. El ahora es un momento en el que parece que no pasa nada y, sin embargo, en él pasa todo. Por eso es muy curioso que se hable tan poco del presente. Por ejemplo, cuando quedas con tus amigos, les cuentas lo que has hecho, recordáis lo que habéis vivido juntos, les describes lo que te gustaría vivir (eso si hay suerte y no habláis de las noticias)... Estás ahí con tus amigos y en cambio estáis hablando del pasado o del futuro y al hacerlo dejáis de disfrutar los detalles de lo que estáis viviendo en ese momento.

A veces tu mente puede irse a un evento pasado para intentar arreglarlo porque concibe que no estuvo bien, o atraparlo para que no se escape porque considera que estuvo muy bien. Otras veces simplemente tienes la costumbre de pensar en el pasado, que es el tipo de pensamiento más practicado y por tanto el que más fácil te resulta tener.

También puedes irte con tu mente al futuro, que siempre es más productivo que viajar al pasado; sin embargo, corres el riesgo de posponer tu felicidad. En este caso, la clave estaría en tu bienestar emocional. Si pensar en el futuro te hace sentir bien en el presente, estás caminando hacia tu felicidad. En cambio, si los pensamientos del mañana te generan estrés hoy, no estás caminando hacia tu felicidad sino retrocediendo.

De todas formas, no hay nada que te haga sentir mejor ahora que pensar en el ahora.

CÉNTRATE EN LAS SENSACIONES AGRADABLES DEL PRESENTE

Puedes encontrar una forma de sentirte bien ya. Con independencia de lo que estés viviendo, puedes comenzar a dirigir tu atención hacia los aspectos placenteros de tu experiencia ahora, ya sea a nivel interno, centrándote en tus sensaciones agradables, o externo, poniendo el foco en las partes que te gustan de las cosas, personas o situaciones que ves. Para lograrlo, los ejercicios de meditación que hemos explicado en los apartados anteriores te ayudarán y también lo hará todo el contenido y los ejercicios que están por venir, ya que están diseñados para que ser feliz ya sea una realidad para ti. Sin embargo, cuando integras este conocimiento y empiezas a aplicarlo en tu vida cotidiana, es cuando comenzarás a experimentar sus verdaderos resultados.

Te recomiendo que apliques lo que aprendas en estas páginas cada día hasta que te sea tan familiar que se convierta en un hábito. En ese momento tendrás tan entrenado el músculo de tu felicidad que esta se convertirá en tu estado normal, y cuando te alejes ligeramente de él, te darás cuenta y podrás volver a él de forma sencilla.

DEJA DE PENSAR DE DÓNDE VENDRÁ LA FELICIDAD Y CRÉALA

Comienza a construir la felicidad dentro de ti en este mismo momento, porque las situaciones externas no pueden generarte ni restarte felicidad a largo plazo. El hecho es que después de seis meses de haber perdido las piernas, los parapléjicos que participaron en un estudio realizado en la Universidad de Northwestern[18] se encontraban casi igual de felices que antes de haber sufrido el accidente. En ese mismo estudio también investigaron a un grupo de personas que había ganado la lotería, y al cabo de seis meses se sentían algo menos felices que justo antes de que les tocara. Dos situaciones muy distintas: una que nadie desearía y otra que casi todo el mundo querría tener, y el efecto en la felicidad a largo plazo es muy parecido. Tanto en las situaciones «buenas» como en las «malas» el protagonista eres tú siempre, y solo tú puedes elegir cómo afrontarlas para sacar lo mejor o lo peor de ellas. Ser feliz es, por tanto, tu decisión.

FELICIDAD NATURAL Y SINTÉTICA

Según Dan Gilbert, profesor de Psicología en la Universidad de Harvard, existen dos tipos de felicidad: la natural y la sintética. La felicidad natural es la que experimentamos cuando conseguimos lo que queremos y la sintética es la que fabricamos para adaptarnos cuando no tenemos lo que deseamos. La felicidad natural es temporal y depende de las circunstancias externas. La felicidad sintética puede generarse sin ningún estímulo externo, por lo que depende solo de nosotros, de que aquello que elegimos pensar nos genere felicidad.

En 1642 sir Thomas Browne, un escritor polímata del siglo XVII, escribió: «Soy el hombre vivo más feliz, tengo en mí lo que convierte la pobreza en riqueza, la adversidad en prosperidad». Ese secreto de sir Thomas también lo tienes tú: un sistema inmunológico psicológico, es decir, un sistema de procesos mentales que te ayudan a cambiar tus visiones del mundo para poder sentirte mejor en él y sobre él. Tú puedes elegir tomar una perspectiva beneficiosa sobre ti y el mundo que te rodea y así crear esa felicidad sintética cada día.

Y este secreto del que hablaba sir Thomas consiste en la relación entre felicidad y éxito, tema del que vamos a tratar en el siguiente capítulo.

TU LUGAR FELIZ

También puedes ir a tu «lugar feliz». Es curioso, pero cuando no tenemos una palabra para definir algo, también es difícil que ese algo se dé en nuestra experiencia. Los ingleses tienen una expresión «I'm going to my happy place», que se traduce como «me voy a mi lugar feliz». No es que se vayan a su lugar favorito donde son felices, lo que quieren decir es que van a un lugar dentro de ellos donde se sienten bien, un «lugar» en su interior en el que generan esa felicidad sintética. En castellano no tenemos ninguna expresión parecida, por lo que no es tan frecuente este concepto. ¿Te apetece copiarles la expresión a los anglosajones y construir ese lugar feliz en ti? ¡Yo ya lo tengo!

EJERCICIO

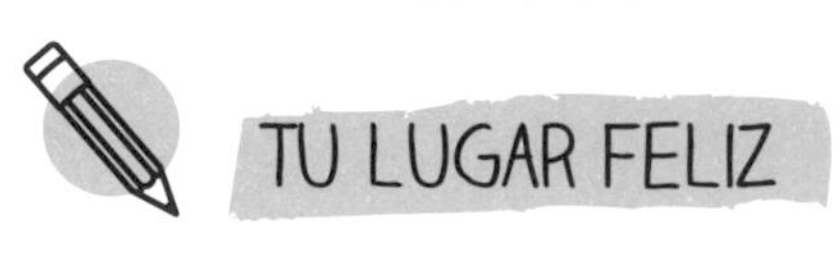

TU LUGAR FELIZ

- ¿Cómo te sentirías en ese lugar feliz?

- ¿Qué harías, pensarías o sentirías para llegar a él?

- ¿Tiene una representación visual?

- ¿Está en alguna parte de tu cuerpo?

¡Ya tienes tu lugar feliz!

GEZELLIG

Otro concepto que es muy importante en la cultura holandesa y que en nuestro idioma no tenemos es *gezellig:* un estado de ánimo placentero que muchas personas ponen en práctica para alcanzar la felicidad, sobre todo en invierno. Lo consiguen con el uso de elementos que aportan belleza, comodidad, placer, calor y diversión. Así es como los holandeses encuentran su *gezellig*. Y es que Holanda está entre los diez países más felices en el Informe Mundial de la Felicidad de 2017. El mismo país que está también entre los veinte más ricos del mundo.

¿Sabes lo mejor de todo lo aprendido en este capítulo? Lo que va a venir en el siguiente. Ya que comprobarás que la felicidad sintética te ayuda a tener más éxito, lo que produce que mejoren tus circunstancias externas y que así estas te generen más felicidad de forma natural. Y, a fin de cuentas, ese es el propósito de este libro. Por eso voy a dedicar el siguiente capítulo al éxito.

2

LA FELICIDAD ES EL MEJOR CAMINO AL ÉXITO

«La felicidad frecuentemente se cuela por una puerta que no sabías que estaba abierta».

John Barrymore

Shawn Achor, ganador de varios premios de enseñanza de Harvard, compartía en una de las charlas Ted más vistas de la historia[19]: «La lente a través de la que ves el mundo conforma la realidad. Si puedo ver tu mundo externo, solo puedo predecir el 10 por ciento de tu felicidad a largo plazo. El 90 por ciento depende del modo en que tu cerebro procesa el mundo». En esa misma charla, Shawn afirmaba que el 25 por ciento del éxito en el trabajo depende del cociente intelectual y el 75 por ciento del éxito proviene de los niveles de optimismo, del soporte social y de tu habilidad de ver el estrés como un desafío en lugar de como una amenaza. Entonces, si la felicidad depende en un 90 por ciento de lo que hacemos en nuestro mundo interno y el 75 por ciento del éxito viene por los niveles de optimismo, podemos concluir que existe una relación entre la felicidad que experimentamos y el éxito que logramos. Está claro que cuando tienes un éxito eres más feliz, pero ¿es posible que la felicidad te acerque al éxito? Hay muchos estudios que demuestran que sí.

Este descubrimiento ha sido y es tan importante para mí que mi propósito de vida es que tú también lo sepas y lo practiques. Y cuantos más «tús» descubran el potencial creativo de sentirse bien, más satisfecha me sentiré con mi propósito.

OCÚPATE DE TI

Enseñar ayuda a aprender[20], así que supongo que me dedico a enseñar a las personas a alcanzar el éxito siendo más felices por dos razones: una, porque conozco de manera profunda lo que es la infelicidad y durante toda mi vida me he sentido inspirada a aliviarla; y dos, porque también he sido una experta en esforzarme hasta límites exagerados para lograr el éxito. Y si te soy cien por cien sincera, esto último todavía lo hago a veces. Incluso sabiendo lo que sé y dedicando mi vida a enseñarlo. A veces se me olvida y me encuentro forzando la máquina demasiado, ignorando que cuando me ocupo de mi felicidad soy más productiva, más creativa, más rápida y más intuitiva. Por eso me dedico a recordárselo a otras personas y soy tan buena haciéndolo, porque conozco a la perfección los mecanismos del olvido y también los del recuerdo, y porque devoro cualquier información que pueda ayudarnos a ti y a mí en este proceso. Y también puedo reconocer el enorme avance que he experimentado desde que tenía veinte años y llegaba al viernes arrastrándome de cansancio y doliéndome todo por el esfuerzo que había empleado en mi trabajo, hasta ahora que, teniendo muchos más años, me siento más vital y llena de energía.

¿Cuál era esa espiral en la que estaba inmersa? Una que a lo mejor a ti también te suena: esfuerzo-éxito-felicidad. Puede ser que quieras lograr el éxito porque piensas que cuando lo consigas vas a ser más feliz, así que te esfuerzas tanto como puedes en el presente esperando que en el futuro te llegue el éxito que te traerá la felicidad prometida. Lo que pasa es que, una vez que logras el éxito A, la felicidad te dura poco (igual que en el ejemplo del estudio de los ganadores de lotería) porque enseguida estás pensando en el éxito B que quieres conseguir. Y después del B viene el C y todos los demás, porque el ser humano adora la expansión.

¿Y si hubiera un atajo? Puede existir un camino más corto en este circuito de la felicidad a través del esfuerzo. Porque se ha demostrado[21] que los estados de ánimo y las emociones positivas llevan a las personas a pensar, sentir y actuar en formas que promueven la creación de recursos y la participación en sus objetivos.

De esta forma, se puede afirmar que la felicidad conduce al éxito.

¿NO TE LO CREES?

Existe un metaanálisis [22] de 200 estudios clínicos realizados en más de 275.000 personas alrededor del mundo dirigido por King, Lyubomirsky y Diener que muestra que los individuos felices tienen más éxito en múltiples áreas de la vida, incluyendo el matrimonio, la amistad, los ingresos, el trabajo y la salud. Los autores argumentan que el vínculo felicidad-éxito existe no solo porque el éxito hace felices a las personas, sino también porque la felicidad favorece el éxito. Los estudios demuestran que la felicidad está asociada a resultados y comportamientos exitosos y además los precede.

Esto se debe a que las emociones agradables te ayudan a recordar que estás fuera de peligro. Y así puedes prestar mayor atención a lo que está delante de ti y a que tu pensamiento sea más creativo. Por tanto, tus acciones serán más efectivas. Otros estudios[23] demuestran que las emociones agradables te ayudan a aumentar tu capacidad de atención y la variedad de pensamientos y acciones, es decir: percibes más, tienes más ideas y puedes hacer cosas diferentes. Dos experimentos con 104 estudiantes universitarios probaron que los participantes que vieron una película que provocaba emociones agradables (diversión, satisfacción) mejoraron su atención y los repertorios de pensamiento-acción (en comparación al estado neutro). Al contrario que aquellos que vieron una película que despertaba emociones desagradables, que disminuyeron su repertorio (comparado también con el estado neutro) ¡Y mis amigos se ríen de mí porque dicen que solo veo películas de Pixar!

Si incrementas el nivel de felicidad en el presente[22], tu cerebro mejora su desempeño: tu inteligencia, tu creatividad y tus niveles de energía aumentan. Tu cerebro en estado positivo es un 31 por ciento más productivo, un 37 por ciento mejor en ventas, incluso los doctores son un 19 por ciento más rápidos y acertados en sus diagnósticos.

Si logras encontrar un modo de ser más feliz en el presente, entonces puedes desarrollar todo tu potencial para lograr más éxito. Cuando reviertes la fórmula de la felicidad, te das cuenta de lo que eres capaz, y te aseguro que la felicidad es mucho más efectiva que el esfuerzo para ayudarte a tener más éxito.

LA FELICIDAD ES LO MÁS SEXI QUE HAY

Y la infelicidad es... ¡un poco menos sexi! Imagina que conoces a dos personas que físicamente son igual de atractivas y a una de ellas la ves feliz y a la otra malhumorada o deprimida. ¿Cuál de ellas te atraería más? Es tan obvio que me da hasta vergüenza preguntártelo.

El magnífico metaanálisis sobre la felicidad que expuse antes[22] estudia este tema en profundidad. Recoge que a la mayoría de los encuestados les gusta más la gente feliz que la menos feliz. Las personas felices y satisfechas son consideradas más atractivas físicamente; más inteligentes y competentes[24]; más amigables, cálidas y asertivas[25]; menos egoístas[26]; más morales y propensas a ir al cielo (eso, según la opinión de los encuestados, claro)[27]. Diener y Fujita[24] encontraron que los estudiantes felices eran más hábiles socialmente (por ejemplo, más expresivos y con mejores modales), mejores oradores, más seguros de ellos mismos y asertivos, y tenían más amigos íntimos, mejores relaciones de pareja y más apoyo familiar (en relación con los de los menos felices).

En otro estudio de 211 personas[28], se demostró que las personas felices eran consideradas más atractivas que las menos felices.

¿Ya te lo crees? Entonces, cuando tengas una cita, aparte de tu ritual de belleza podrías hacer uno de felicidad, ¿verdad? Afortunadamente, este libro está repleto de rituales de felicidad. Así que... quién sabe si *Sé feliz ¡ya!* te traerá una pareja (si todavía no la tienes).

Ahora imagina que eres el director de Recursos Humanos de una empresa y tienes que elegir entre dos personas que tienen un currículo parecido y una de ellas te parece feliz y la otra malhumorada o deprimida. ¿A cuál de ellas elegirías? Existe la creencia popular de que cuando eres feliz dejas de ocuparte en crecer y mejorar, y que cierto nivel de infelicidad es beneficioso para el individuo y la sociedad. Un estudio de Ruut Veenhoven[29] afirma que no se han encontrado efectos adversos de la felicidad; en cambio, sí existen múltiples efectos beneficiosos.

En otra investigación[30] encontraron que las personas sin trabajo que se sentían mejor tenían más probabilidades de volver a ser contratadas que las que se sentían más infelices. Además, las personas que eran felices tenían menos probabilidades de perder sus empleos en el siguiente periodo.

Así que, ya sabes, cuando vayas a una entrevista de trabajo, además de preparar tu currículo y de ponerte tu mejor traje entrena tu estado de felicidad.

Piensa en qué tipo de peluquero elegirías, qué amigo, qué farmacéutico, qué coach, qué médico, etcétera. De forma intuitiva, en igualdad de condiciones, elegirías a la persona más feliz (salvo que seas la excepción que confirma la regla). La felicidad es atractiva, porque es una cualidad que todos buscamos, así que… ponte feliz ¡ya!

FELIZ Y SALUDABLE

El bienestar que genera la felicidad ayuda a tu cuerpo a relajarse, por lo que los dolores disminuyen y creas espacio para que se activen los procesos de autocuración del organismo. Un estudio histórico[31] en el que participó un grupo de monjas, señaló los beneficios que tienen las emociones positivas en la salud. Los estudios con religiosas funcionan muy bien porque sus estilos de vida son uniformes, por lo que las diferencias a menudo pueden reducirse a unos pocos factores, como la personalidad y la perspectiva. Al estudiar las vidas y las muertes de las monjas, encontraron la relación entre la longevidad y el estado emocional. Los investigadores descubrieron que la felicidad y otras emociones positivas están relacionadas con la longevidad. El 90 por ciento de las monjas más alegres estaban vivas a la edad de 85 años, mientras que solo el 34 por ciento de las menos alegres vivían hasta esa edad.

En otro estudio[32] los investigadores dieron a los sujetos una encuesta diseñada para medir los niveles de felicidad y luego (ya verás qué ideas tienen) les inyectaron una cepa del virus del resfriado. Una semana después, los individuos más felices habían combatido al virus mucho mejor que las personas menos felices, tenían menos síntomas objetivos de la enfermedad corroborados por los médicos, menos estornudos, tos, inflamación y congestión.

En otra investigación[33] se comprobó que los jugadores de hockey más felices se lesionaban menos durante la temporada. Un análisis de 30 estudios[34] de seguimiento sobre la felicidad y la longevidad indicó que la felicidad no predice la longevidad en las poblaciones enfermas, pero sí lo hace en las poblaciones sanas. Por tanto, la felicidad no cura la enfermedad pero sí protege en gran medida contra ella, tanto como dejar de fumar. En resumen, vivir feliz no solo te ayudará a disfrutar más de tu vida, además te ayudará a vivirla durante más tiempo.

FELICIDAD EN LAS RELACIONES

La felicidad es el mejor punto de conexión con los que te rodean. Por supuesto que no es el único, puedes conectarte con los demás en el canal de la queja, en el del lamento, en el del mal humor, en el del juicio... Todo depende de lo que quieras amplificar, ya que las relaciones son amplificadores de emociones, así que conviene que elijas con cuidado el canal a través del cual te vas a conectar con cada persona a tu alrededor. Y el canal no se elige cuando ya tienes a esa persona enfadada delante de ti. En ese momento el canal ya está seleccionado. El punto de conexión con los demás es algo que eliges en tu mente antes de encontrarte con la persona, y puedes darte cuenta de cuál es por la historia que te cuentas a ti mismo acerca de ella y de vuestra relación. Te sugiero que elijas ahora mismo conectarte con las personas que te rodean desde la felicidad porque las harás crecer para ti, y esas personas te devolverán además ese mismo reflejo.

ESCRIBIR EL GUION DE TUS RELACIONES

En el ejercicio que te detallo a continuación vas a convertirte en el director de la película de tu vida. Vas a escribir el guion ideal de una relación que tengas. Así lo haría yo:

«Patrick. Amor incondicional, brutal. Tenemos una relación profunda, cariñosa y divertida. Nos entendemos a la perfección y también nos apoyamos. Descubrimos nuevas facetas del otro cada día. Vivimos nuestra vida como una apasionante aventura. Y somos felices para siempre».

Ahora es tu turno:

EJERCICIO

UN GUION DE PELÍCULA

Escribe el nombre de una persona importante en tu vida, elige el canal desde el que te quieres conectar con ella y describe la nueva historia que quieres llevar a la pantalla de tu vida. No elijas a tu peor enemigo, póntelo fácil. El objetivo de este ejercicio, como el de todos los demás, es disfrutar.

La felicidad personal ayuda a generar relaciones satisfactorias. Y estas últimas hacen que tú también seas feliz. Y acabamos de encontrar un círculo maravilloso (que es lo contrario al círculo vicioso). Cuanto más feliz seas, más satisfactorias van a ser tus relaciones, que a su vez te van a hacer más feliz.

En uno de los estudios más largos, durante ochenta años, que se han llevado a cabo en la Universidad de Harvard[35 - 40], se han estudiado las relaciones de 218 personas y han encontrado cuál es el nexo entre felicidad y relaciones. «El hallazgo sorprendente es que nuestras relaciones y lo felices que somos en ellas son una poderosa influencia en nuestra salud», dijo Robert Waldinger, profesor de Psiquiatría en la Escuela de Medicina de Harvard.

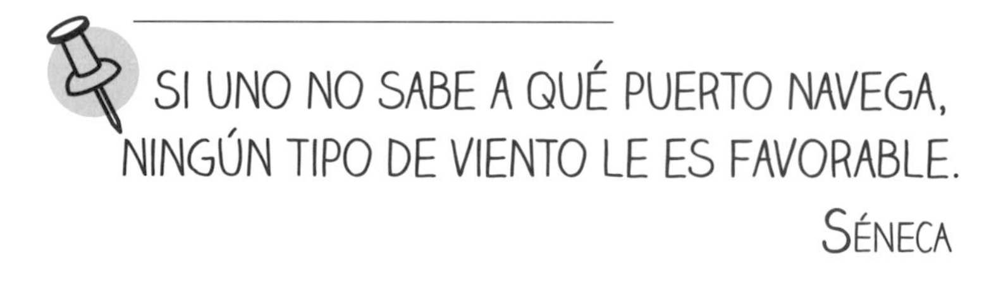

Pero no es solo que las personas con mejores relaciones son más felices y gozan de una mejor salud, también se ha demostrado que las personas más felices suelen tener relaciones más satisfactorias. En un estudio con jóvenes australianos[36], encontraron que de los solteros encuestados los más felices tenían 1,5 veces más probabilidades de casarse en un periodo posterior que aquellos con niveles medios de felicidad.

Otros estudios han documentado una asociación entre la felicidad crónica y el mayor número real de amigos o de personas en quien confiar, así como apoyo social general y compañía percibida[41]. Por ejemplo, los estudiantes universitarios más felices han demostrado tener relaciones sociales de más calidad[42].

Ser feliz también te ayuda a hacer amigos. ¡Es que vale para todo!

FELICIDAD Y TRABAJO

Según Richard Branson, CEO de Virgin, «más que cualquier otro elemento, la diversión es el secreto del éxito de Virgin». Y es una compañía que en 2017 tuvo 5.492 millones de euros de beneficios[43]. Yo quiero que mi diversión también sea el secreto de mi éxito laboral. ¿Y tú?

Y es que ser feliz puede ser productivo. Cuando eres feliz, como te he comentado antes, tienes una mayor atención y posibilidades de pensamiento y acción, por lo que eres más resolutivo en el trabajo y estás más preparado para conseguirlo[44].

Está demostrado[45] que los trabajadores más felices tienen una mejor vida laboral y disfrutan de múltiples ventajas por encima de sus compañeros menos felices. Las personas que se sienten mejor tienen mayor probabilidad de conseguir entrevistas de trabajo, ser evaluados de forma positiva por sus jefes una vez que obtienen un trabajo, mostrar un rendimiento y productividad superior y una mejor capacidad para manejar los trabajos gerenciales. También son menos propensos a mostrar agotamiento y comportamiento laboral contraproducente.

Además, los individuos felices parecen tener más facilidad para lograr trabajos. En un estudio, empleados con un alto nivel de emociones positivas lograban puestos de trabajo en los que tenían más autonomía, mayor sentido de propósito y variedad, según la clasificación de observadores capacitados[46]. Está demostrado, por una gran variedad de fuentes[47-49], que las personas felices se sienten más satisfechas con sus trabajos.

Un estudio llamado «Cómo los ricos (y felices) se hacen más ricos (y felices)»[50] reunió los datos de un grupo de personas a las que se lleva estudiando desde 1979, casi cuarenta años. Los resultados indican que las personas con mejor autoconcepto tienen niveles más altos de éxito en el trabajo y mejores trayectorias laborales, en parte porque tienen una mayor tendencia a continuar su educación y mantener una mejor salud.

Otro estudio[51] midió el nivel inicial de emociones positivas en 272 empleados y luego hizo un seguimiento de su desempeño laboral durante los dieciocho meses siguientes. Y descubrieron que incluso después de controlar otros factores, aquellos que estaban más contentos al principio terminaron recibiendo mejores evaluaciones y mayores salarios más adelante.

Espero que, con todos estos datos, te estén entrando unas ganas enormes de ser más feliz. Y es que pasas una gran parte de tu tiempo en el trabajo, por lo que te resultará muy efectivo entrenar tu felicidad en relación a él. Para tu situación laboral te sirve la misma estrategia que he sugerido antes para tus relaciones. Puedes elegir tu punto de conexión con el trabajo: puedes conectarte con él en el canal de la obligación, la frustración o desde la felicidad. Cuando te conectas a tu trabajo desde la felicidad, pones tu foco en aquello que te hace feliz, y tu cerebro se pone a tu disposición para que encuentres situaciones, personas o cosas que se alineen con ella. Y al final creas un trabajo feliz. Esta elección no se hace cuando ya estás en la entrevista o delante de tu jefe, es mejor decidir qué historia quieres alimentar sobre tu trabajo antes de encontrarte con la situación.

ESCRIBIR EL GUION DE TU TRABAJO IDEAL

Igual que has hecho antes con tus relaciones, vas a convertirte en el director de la película de tu vida laboral. Vas a escribir el guion de tu trabajo ideal. Así lo haría yo:

«Vivo de lo que amo. Adoro mis rutinas diarias en las que el trabajo se siente como pasión. Escribo, aprendo, creo nuevas formas de enseñar felicidad. Me encanta viajar y dar conferencias por el mundo. Recibo dinero abundante casi sin darme cuenta de dónde viene. Las oportunidades vienen a mí y mi instinto me dice cuáles serán beneficiosas. Me encanta hacerle caso a mi instinto».

Ahora es tu turno:

EJERCICIO

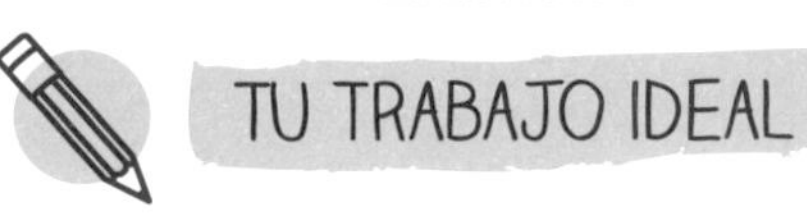

Escribe el guion de la nueva historia que quieras vivir en tu trabajo ideal (lo tengas o no). Juega a imaginarlo y desapégate del resultado. El objetivo de este ejercicio, como el de todos los demás, es disfrutar. Si realizarlo no te hace sentir bien, sigue leyendo y podrás intentarlo más adelante.

DINERO FELIZ

El tema del dinero puede que a veces te genere malestar, bien porque no tienes lo suficiente o porque simplemente quieres más. Pues estás a punto de demostrarte cómo el sufrimiento no te va a traer esa cantidad de dinero que anhelas, sin embargo, tu felicidad sí que puede generar mayores ingresos. Respira hondo para digerir esto que acabas de leer. Ser feliz mejora tu situación económica. ¿Te atreves a creerlo?

Un estudio[52] muestra la relación entre la felicidad y la independencia financiera. Midieron el nivel de felicidad de un grupo de estudiantes a los 18 años y ocho años después se midió su nivel de independencia financiera. Aquellos que eran más felices con 18, eran más independientes financieramente con 26. Otro estudio con trabajadores[53] demostró que aquellos que eran más agradables tenían mejores estados emocionales y recibieron mayores aumentos, en comparación con aquellos que tenían un peor estado emocional. Estos datos sugieren que un alto bienestar subjetivo nos lleva más adelante hacia la prosperidad financiera. Otro ejemplo de esto es un estudio australiano[36]. En él, los adultos jóvenes que se consideraban felices tenían más probabilidades de aumentar sus ingresos durante el periodo siguiente.

En resumen, la felicidad favorece la mejora económica. Y te propongo que hagas una reflexión: ¿cómo es tu relación con el dinero? ¿En qué canal te conectas con él? Y, sea cual sea tu respuesta, elige relacionarte con el dinero desde la felicidad. Así tu mente te ayudará a apreciar y a valorar lo que tienes mientras te facilita para tener más. No te preocupes si todavía no sabes cómo hacerlo, en los próximos capítulos aprenderás a crear nuevos patrones de pensamiento que te ayudarán a mejorar los distintos aspectos de tu vida, incluida la parte financiera.

Hace unos meses, estaba atravesando una situación económica complicada y le daba más importancia al dinero que no tenía que al que sí tenía. Por lo que decidí darle la vuelta a esta situación y sentirme feliz con lo que tenía, ¡aunque fuera poco! Y te sugiero que hagas lo mismo, que te reconcilies con lo que tienes hoy, que busques ser feliz con independencia de lo que haya en tu banco y que comiences una relación feliz de amor con el dinero y la abundancia. Yo me comprometí durante cien días y escribí en un blog cada día aquellas cosas que me hacían sentir abundante. Los resultados fueron fabulosos, empecé a sentirme superabundante y en seis meses mi cuenta corriente creció un 10.000 por ciento. ¿Quieres unirte a los cien días abundantes? Infórmate en www.aliciacarrasco.com.

3

LEY DE ATRACCIÓN
ENCIENDE EL GPS DE TU FELICIDAD

El principio de la Ley de Atracción te dice que «aquello que se asemeja se atrae», algo parecido a lo que algunos psicólogos como el doctor Neil Farber prefieren llamar «principio de atracción». El principio de atracción, según la definición del propio Farber[54], es un fenómeno que se basa en la Psicología positiva, en la investigación en la consecución de objetivos y en la ciencia cuerpo-mente, que coincide con la Ley de Atracción en que «aquello que se asemeja tiende a atraerse».

A pesar de las diferencias entre ambas propuestas y las críticas a una parte de la Ley de Atracción, el principio de atracción me parece un gran avance para la ciencia y una muestra de que está evolucionando en esta dirección.

Teniendo en cuenta estas dos visiones, la que te ofrezco yo en *Sé feliz ¡ya!* es que «aquello que se asemeja se atrae», porque lo que atraes no son las circunstancias externas (que no son buenas o malas), sino tu respuesta emocional ante ellas. Lo prefiero así porque sigo abierta a la posibilidad de que existan procesos que todavía no se han podido demostrar en un laboratorio, pero sí se pueden corroborar en la propia experiencia de un grupo de individuos que siguen los mismos principios. Desde mi punto de vista, la falta de demostración científica no quita poder a ninguno de los procesos de la naturaleza. Por poner un ejemplo a las propuestas que he explicado antes: podría pensar que «soy poderosa» o que «tiendo a ser poderosa». Si tiendo a ser poderosa, es porque en esencia lo soy (aunque no siempre lo exprese); en caso contrario, nunca podría tender a serlo. Además, es preferible pensar que lo soy y, si no llego a serlo, ya podré seguir caminando hacia el objetivo ideal de serlo siempre.

De todas formas, si para ti decir que «aquello que se asemeja se atrae» te genera un conflicto porque piensas que no es verdad, o porque te hace sentir culpable de las cosas que atraes, usa la definición que mejor te haga sentir, porque la culpa daña y la responsabilidad te llena de poder. Cuando te sientes responsable de algo, aunque no haya sido positivo, lo recuerdas y si vuelve a sucederte tu respuesta mejorará. Se abre, por tanto, una nueva posibilidad de aprendizaje.

¿QUÉ ES LA LEY DE ATRACCIÓN?

Como te comentaba, la Ley de Atracción es una ley universal muy sencilla que dice que aquello que se asemeja se atrae. Como todo lo que se asemeja se atrae, puedes convertirte en un imán de lo que deseas y atraerlo a tu experiencia. Cuanto más feliz seas, más situaciones felices atraerás, y cuanto más desgraciado, más contratiempos te encontrarás. Como hemos visto en los capítulos anteriores, multitud de estudios científicos[22] han demostrado que las personas positivas tienden a atraer circunstancias positivas: mayor éxito en su carrera, salarios más altos, mejores trabajos, mejores relaciones, mejor salud y un altruismo mayor.

Esto no quiere decir que si eres positivo solo te vayan a suceder cosas positivas, porque vivimos en un mundo dual donde existe lo que te gusta y lo que no. El universo es tremendamente abundante y por eso hay de todo. De hecho, las vivencias que no te gustan van a permitir tu expansión ya que te ayudan a crear nuevas preferencias. Poder elegir lo que prefieres es la respuesta que tienes ante una situación que no te gusta y así usarla como oportunidad de expansión. Esa es una respuesta positiva.

Lo semejante es lo que permite la conexión. Las cosas se conectan desde lo igual y se expanden desde lo diferente. Por ejemplo: si tú y yo no habláramos en castellano, no podríamos mantener una conversación. Si no consideráramos que algo más es posible, que se puede vivir en un mundo en el que tú creas tu felicidad, no estaríamos aquí, yo no habría escrito este libro y tú no lo estarías leyendo. Entonces, lo que en realidad permite que hayamos conectado es un interés común.

Y es lo diferente lo que enriquece la interacción, lo que permite la creación de nuevas posibilidades. Por ejemplo, cada vez que alguien me ha comentado algo que no le ha gustado o no le ha parecido claro de este libro, me ha ayudado a mejorarlo. Esa diferencia de opiniones ha generado una expansión. En tu caso, la expansión se producirá cuando apliques esta información a tu vida, cuando tengas dudas, cuando veas cómo te funciona y cuando seas consciente de todas las posibilidades que se presentan en tu día a día.

Adoptar el concepto de que lo similar atrae a lo similar es beneficioso porque te abre a observar todo el proceso creativo, no solo el resultado final. Te vuelves más consciente del presente, lo que te permite tener una mejor capacidad de respuesta ante lo que te sucede. Lo habitual es que nos relacionamos con el exterior solo a través de la acción, pero existe otra posibilidad de interactuar con lo que nos rodea y es hacerlo a través de nuestros pensamientos e intenciones. Esto nos permite actuar con mayor inteligencia, usando todos nuestros recursos, y no solo con la fuerza de nuestros brazos (por poner un ejemplo).

VIBRACIÓN

La Ley de Atracción funciona a un nivel vibratorio, es decir, atraigo la misma vibración que estoy emanando. Y es que todo lo que existe es vibración. Absolutamente todo. La materia está formada por partículas muy pequeñas que vibran (átomos, protones, neutrones, electrones, quarks, cuerdas...) y un 99,999 por ciento de vacío que existe entre ellas, que también vibra, y que hasta podría ser el responsable de la expansión del universo[55]. Por tanto, todo lo que te rodea vibra. No lo parece, ¿verdad? Me imagino que los objetos que en este momento están cerca de ti no se están moviendo. Este libro que tienes entre las manos, que está compuesto de un 99,999 por ciento de vacío que vibra y unas pequeñas partículas que también vibran, lo percibes como algo sólido y estático. ¿Cómo puede ser? Porque tus sentidos interpretan esa vibración que te rodea en forma de color, olor, sabor, sonido y sensación física. Y me imagino que estos son la mejor herramienta que ha encontrado la evolución para interpretar la realidad.

Además, algo que es en su mayoría vacío se comporta como «lleno». ¿Por qué? Porque esas partículas están en constante movimiento, en constante vibración. Es la carga electromagnética de esas partículas la que hace que los objetos se comporten como lo hacen. Y dependiendo de cuál sea la vibración de un objeto, así va a ser la percepción que tienes de él y su comportamiento.

Nosotros también estamos hechos de esas partículas y vacío que vibran. Según sea nuestra vibración, así será la vibración que atraeremos. Nuestra vibración interna atrae la misma vibración externa. Por tanto, lo que atraes en tu vida no es lo que haces sino cómo lo haces, o, en otras palabras, cómo te sientes en el proceso. Cómo te sientes mientras estás actuando es lo que determinará lo que acabarás atrayendo.

Imagina por un momento ese día que despiertas feliz y hace un tiempo fabuloso, te sientes lleno de energía y vitalidad, vas al trabajo y tardas menos de lo que imaginabas, tus compañeros te sonríen, todo fluye. Cuando las cosas van bien, cada vez van mejor. En cambio, ese día que te despiertas de mal humor y hace un día gris, te encuentras un atasco inmenso, tienes conflictos con tus compañeros... Cuando las cosas van mal, cada van vez peor. ¿Te ha sucedido alguna vez algo así?

«Aquello que se asemeja se atrae» no quiere decir que los demás vayan a hacer lo que nosotros hacemos, porque la atracción sucede a nivel vibracional. Por ejemplo, si eres una persona que ayuda a los demás, eso no implica necesariamente que los demás te ayuden a ti. ¿Te suena de algo? Depende de la vibración que estés proyectando mientras actúas. Si ofreces algo esperando alguna otra cosa a cambio, la vibración que emites es la de esperar algo, así que vas a atraer a personas que esperen algo a cambio, es decir, que su deseo predominante sea recibir más que dar. Así que la creencia que se establecería en ti sería: «Yo siempre ayudo y nadie me ayuda a mí». Aquello que crees, lo creas, por tanto, seguirás atrayendo ese tipo de realidad a tu vida.

RECEPTORES DE VIBRACIÓN

Los seres humanos interpretamos lo que sucede a través de varios receptores de vibración. ¿Cuáles son?

1. *Sentidos*

Los sentidos son los receptores de la vibración externa. La vibración que hay a tu alrededor la interpretas con los ojos en forma de imágenes, con los oídos en forma de sonidos, con la boca en forma de sabores, con la piel como sensaciones táctiles o con tu nariz en forma de olores. Tus sentidos físicos están percibiendo e interpretando la vibración que hay alrededor. La realidad no es como la vemos, ya que cada uno tenemos una percepción distinta de ella: no es igual la percepción de un esquimal que es capaz de detectar varias tonalidades de blanco, que la de un murciélago que tiene visión nocturna, que la de una serpiente que tiene visión infrarroja o que la nuestra. Posiblemente hayas tenido alguna discusión sobre el famoso vestido azul y gris o blanco y dorado[56].

2. *Emociones*

Las emociones son tu sistema de percepción de la vibración interna. Ellas te van a indicar con exactitud cómo se encuentra tu vibración a cada momento dependiendo de lo que estés pensando. Si lo que piensas es beneficioso para ti, tu vibración estará alineada y te sentirás bien; y si no lo es, tu vibración estará desalineada y te sentirás mal.

La vida siempre está en expansión y son tus deseos los que indican en qué dirección se está expandiendo tu vida. Cuando tienes un deseo, este se crea de inmediato a nivel vibratorio. Desde ese momento, tus pensamientos pueden alinearse con el deseo o con la ausencia del mismo. Dependiendo de cuál de ellos esté más activo, así atraerás o no su consecución. Tus emociones te informarán cuando tu pensamiento esté alineado con tus deseos y cuando no. Así, si te dejas guiar por tus emociones eligiendo conscientemente los pensamientos que te hagan sentir mejor, puedes conseguir que tu deseo se manifieste.

Un ejemplo personal: deseo que este libro impacte a muchísima gente. Como ya lo he deseado, sé que el deseo está creado al menos a nivel vibratorio. Es un deseo de algo que todavía no tengo, así que mis pensamientos pueden estar enfocados en dirección a ese deseo o a mi realidad física actual en la que todavía no lo he conseguido. Hay momentos en los que tengo clarísimo que va a suceder y otros en los que dudo. Cuando permito que aparezcan los pensamientos alineados con mi deseo, la vibración va adquiriendo velocidad y comienza a mostrarme pequeñas manifestaciones que indican que voy en la dirección de lo que deseo. Por ejemplo, un día estaba en el metro practicando una herramienta de las que vas a aprender más adelante y me preguntaba: «¿Cuántos libros quiero que se vendan?». Escribí «10.000» y me sentí ilusionada con la cifra. En ese momento, giré la cabeza y vi un anuncio del último libro de Rafael Santandreu en el que decía: «100.000 copias vendidas». Un magnífico entusiasmo inundó todo mi cuerpo y comencé a sonreír: «¡100.000 también me gusta!»

Para mí, eso fue un indicativo de que voy por el camino de lo que deseo. ¿Significa eso que voy a vender 10.000 o 100.000? No lo sé, significa que voy por el buen camino y eso por ahora es suficiente.

Además de ser receptores de vibración, las emociones también tienen poder de atracción. Por eso, sentirse bien es un indicativo de que estás avanzando hacia tus deseos y experimentar malestar te aleja de ellos. Tu vibración interna es la que atrae la vibración externa que se manifiesta en tu vida, tanto si atraes lo que no deseas como lo que sí. De la misma manera, cuando sientes emociones de bienestar, tu vibración está acercándose a la de tu máximo potencial y cuando sufres te estás alejando de él. Tu máximo potencial es esa parte de ti que es sabia y poderosa, atemporal, y tiene una perspectiva más amplia de quién eres. En los próximos capítulos profundizaremos sobre tu máximo potencial, las emociones y la vibración.

En esencia, la Ley de Atracción es muy sencilla: cuanto mejor te sientes, mejor te van las cosas. El desafío viene a la hora de entrenar tu mente y tus emociones para sentirte mejor y así atraer experiencias más positivas a tu vida. El resto de este libro te ayudará a entrenar tu felicidad. Y me encantará saber cuáles son las nuevas y magníficas circunstancias que atraes como consecuencia de tu práctica de la felicidad en el presente. Hace poco recibí un mensaje de una lectora que meses después de haber leído el libro y comenzar a practicar sus pensamientos felices había conseguido un trabajo con las características exactas que había deseado: podía ir al gimnasio por las mañanas y llevar a sus hijos al colegio, trabajar desde casa en un entorno agradable y con un sueldo mucho mayor de lo que había imaginado.

ALGO DE HISTORIA

Hay varios sabios a lo largo de la historia que han hablado más o menos directamente de los principios de la Ley de Atracción.

Hace 2.400 años los textos vedas (los cuatro textos más antiguos de la tradición hindú) decían que la realidad es *maya*, lo que significa «ilusión»: como un *show* mágico en el que nada es como parece ser. Para la Ley de Atracción, la realidad física es un reflejo de la vibración y no es tan real y estática como parece ser.

En el *Tao Te Ching*[57], de más de 2.300 años de antigüedad, Lao Tsé ya hablaba acerca de la similitud entre lo que sucede dentro y fuera de nosotros: «Las experiencias externas sirven para sentir el mundo. Y las experiencias internas, para comprenderlo. Los dos tipos de experiencia son lo mismo dentro del Tao. Son diferentes solo entre los hombres». Un poco más adelante, Lao Tsé añade un comentario sobre la posibilidad de lograr algo externo a través de la sabiduría interna: «Sin ir más allá de tu puerta, puedes conocer los asuntos del mundo. Sin mirar por la ventana, puedes conocer el orden cósmico. Cuanto más lejos vas, menos comprendes. Por eso la persona sabia sabe sin desplazarse, comprende sin mirar fuera, logra sin actuar externamente».

En el año 391 a. de C., Platón ya decía que «lo semejante tiende a lo semejante» y «el alma tiene, en esencia, los atributos de la forma»[58]. Seguimos encontrando con esto las similitudes entre lo material y lo inmaterial. Y el primer concepto es exactamente la base de la Ley de Atracción.

Hace más de 2.000 años, el evangelista san Mateo (7:7)[59] decía: «Pedid, y se os dará; buscad, y hallaréis; llamad, y se os abrirá. Porque todo aquel que pide recibe; y el que busca halla; y al que llama se le abrirá». Cuando deseas algo, se crea la versión vibratoria de la manifestación física de tu deseo, es decir, que pides y esa petición se ha creado. El siguiente paso sería convertirte en un homólogo vibratorio de tus deseos.

En el Nuevo Testamento, san Marcos (11:25)[60] decía: «Todo lo que pidas en oración cree que lo has recibido y será tuyo». Porque cuando crees que lo has recibido, y lo crees de verdad, sientes que ya lo tienes y, por tanto, acabas teniéndolo.

El origen de la Ley de Atracción surgió del movimiento del Nuevo Pensamiento y las enseñanzas de Phineas Quimby a principios del siglo XIX. De joven, a Quimby le diagnosticaron tuberculosis y el medicamento que le recetaron no estaba funcionando e incluso hacía que se le pudrieran los dientes, así que decidió probar con el poder de su mente para mejorar su condición. Se dio cuenta de que cuando tenía estados de elevado entusiasmo como cuando montaba a caballo, disminuía el dolor. Dedicó su vida a enseñar los principios de este Nuevo Pensamiento.

El primero en profundizar en la Ley de Atracción fue Prentice Mulford, escritor, humorista y columnista en el *New York Daily Graphic* en el siglo XIX. Él escribió un libro, *Los pensamientos son cosas,* en el que hablaba sobre usar tus pensamientos para mejorar tu vida. En el siglo XX aumentó el interés en el tema con muchos libros, entre los cuales se encuentran dos de los más vendidos de todos los tiempos; *Piense y hágase rico* (1937) de Napoleon Hill y *Usted puede sanar una vida* (1984) de Louise Hay. Por su parte, Esther Hicks lleva transmitiendo los conocimientos de la Ley de Atracción alrededor del mundo desde 1986 y ha escrito múltiples libros que han entrado varias veces en la lista de los más vendidos en el *New York Times.*

En 2006 el concepto de la Ley de Atracción llegó al gran público con el lanzamiento de la película *El secreto* (2006), que más tarde se convirtió en un libro; ambos obtuvieron una amplia cobertura en los medios de comunicación.

Hoy día esta disciplina de la Ley de Atracción es ampliamente conocida y practicada, incluso algunas celebridades comparten su mensaje, como por ejemplo Will Smith, Oprah Winfrey, Jim Carrey, Lady Gaga y Arnold Schwarzenegger, entre otros.

ANTES Y DESPUÉS DE LA LEY DE ATRACCIÓN

Nunca antes me había preocupado por la demostración científica de la Ley de Atracción, ya que en cuanto supe de ella, empecé a experimentar con mi mente y a encontrar resultados que la demostraban. Para mí eso era suficiente, y cuando empecé a conocer gente con historias increíbles como las que comparto en el capítulo 10, ya no me quedó ninguna duda de que sí funciona.

Sin embargo, como quiero que este libro te recuerde que tienes el poder creativo de diseñar tu propia vida y sé que una explicación científica puede ayudarte a entenderlo, me dispuse a investigar sobre ciencia y Ley de Atracción. Y he de reconocer que estoy disfrutando mucho con el tema.

Como no encontré ninguna investigación que estudiara los efectos entre las personas que practican sus enseñanzas, para ilustrar sus efectos hice una encuesta *online* anónima entre personas que practican de forma constante la perspectiva y las herramientas de la Ley de Atracción. En una muestra de 20 personas (LDA, grupo Ley de Atracción), hice varias preguntas acerca de cómo era su vida antes y después de conocer esta ley y lo comparé con otro grupo de 23 personas que no conocían nada acerca de Atracción, y les hice las mismas preguntas, comparando su vida desde hace ocho años hasta ahora (ocho años es la media de práctica de la Ley de Atracción del grupo principal).

Esto no pretende ser ningún estudio científico, ya que no tengo los recursos, la formación ni los conocimientos necesarios. Es simplemente una forma de poner en datos lo que cientos de personas me han contado acerca de cómo sus vidas han mejorado tras practicar algunas de las sencillas herramientas que voy a proponerte a continuación. A pesar de que la muestra es pequeña, los resultados son sorprendentes.

El nivel de satisfacción vital aumentó considerablemente tras la práctica de las herramientas de la Ley de Atracción. La satisfacción en el pasado era inferior (4,85) en el grupo de Ley de Atracción en comparación con el grupo de control (5,77). Esto tiene sentido desde mi perspectiva porque ese nivel de satisfacción inferior en la vida puede servir de motor de búsqueda de soluciones, y los participantes hicieron de la Ley de Atracción una de ellas. Tanto que llegaron a un excelente nivel de satisfacción (9,19) y experimentaron un 89 por ciento de mejora, y el grupo de control también mostró muy buen nivel de satisfacción en el presente (7,13) y un 24 por ciento de mejora. De esto se puede concluir que, en general, los seres humanos mejoramos nuestro nivel de satisfacción con el paso del tiempo, y que cuando aplicamos herramientas como la Ley de Atracción, el nivel de mejora aumenta de forma drástica. El incremento en el grupo LDA fue 3,7 veces mayor que el del grupo de control.

SATISFACCIÓN VITAL

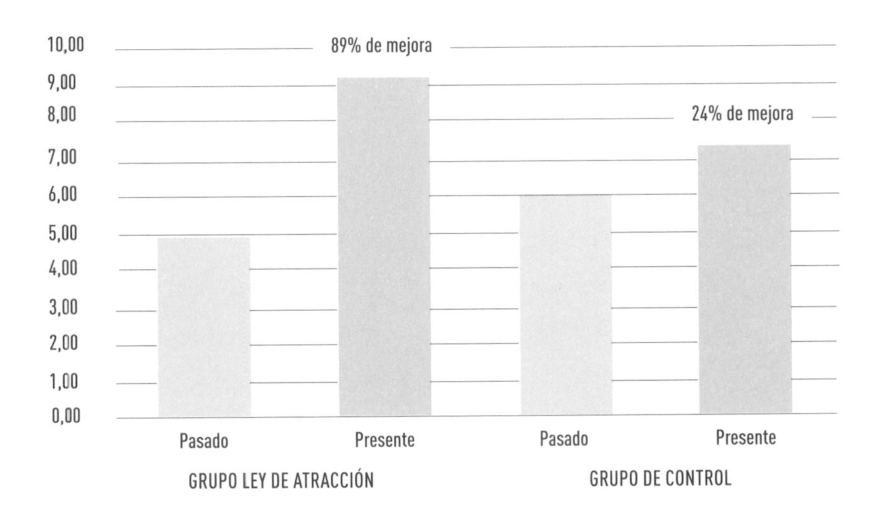

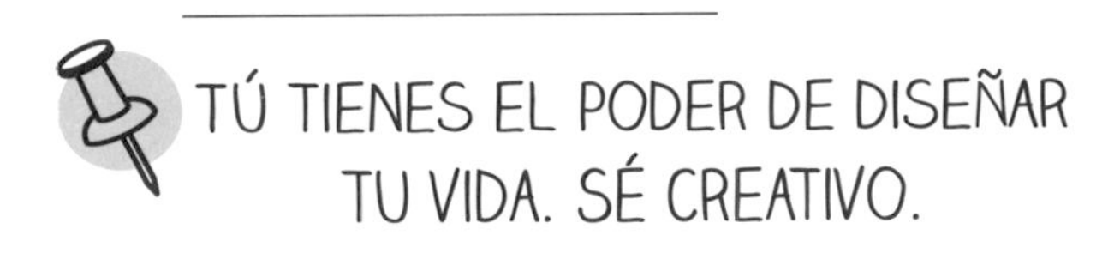

El nivel en el pasado de satisfacción en relaciones era incluso menor para el grupo de LDA (3,95) en comparación con el grupo de control (4,45); este último logró un aumento del 43 por ciento al mejorar su nivel de satisfacción en relaciones en el presente (7,63) y el grupo LDA consiguió mejorar su nivel de satisfacción presente (8,80) en un 123 por ciento. En este caso la interpretación puede ser la misma que en el anterior con las personas que aplican estas enseñanzas en su día a día: mayor nivel de insatisfacción pasada les ha hecho practicarlas y les ha catapultado hasta un nivel superior.

SATISFACCIÓN EN RELACIONES

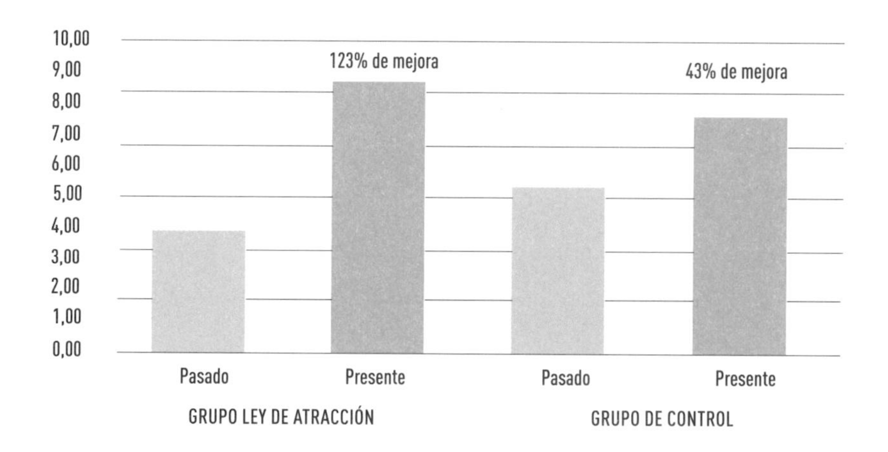

Otra de las formas que se me ocurrieron de medir la evolución en ambos grupos fue la cantidad de buenos amigos. El grupo de control tuvo un 13 por ciento de aumento (de 4,85 a 5,47) y el grupo LDA tuvo un 84 por ciento de aumento de buenos amigos (de 5,28 a 9,71). El aumento en el grupo LDA fue 6,46 veces mayor que el del grupo de control.

CANTIDAD DE AMIGOS

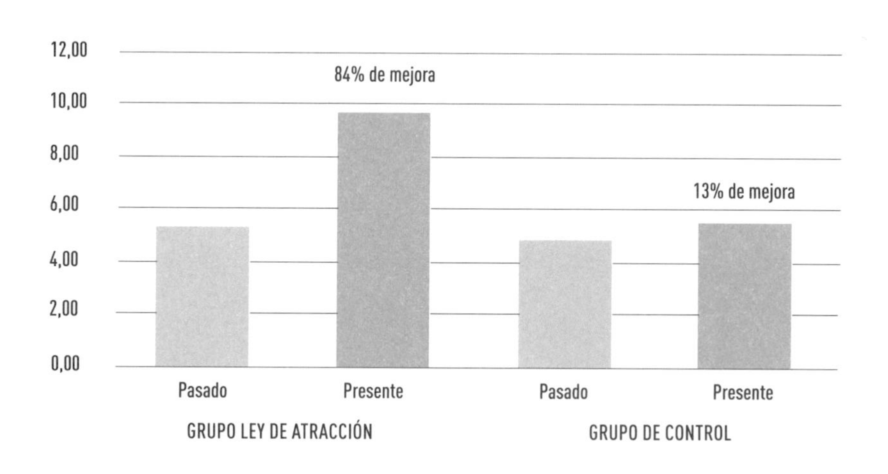

Este resultado me sorprendió la primera vez que lo vi, porque el grupo LDA tuvo un aumento en el número de veces que visitó el médico. Sin embargo, la media no llegaba a una al año ni en el pasado ni en el presente. Al analizar los datos uno a uno, descubrí que dos personas que conocieron la Ley de Atracción hace casi quince años habían pasado de 0 a 3 visitas al médico por año. Además, al ser una muestra tan pequeña y una cantidad tan baja, las mínimas variaciones afectan más (de 0,81 a 0,91). En el grupo de control pasaron de 1,91 a 1,67, con un 13 por ciento menos.

CANTIDAD DE VISITAS AL MÉDICO AL AÑO

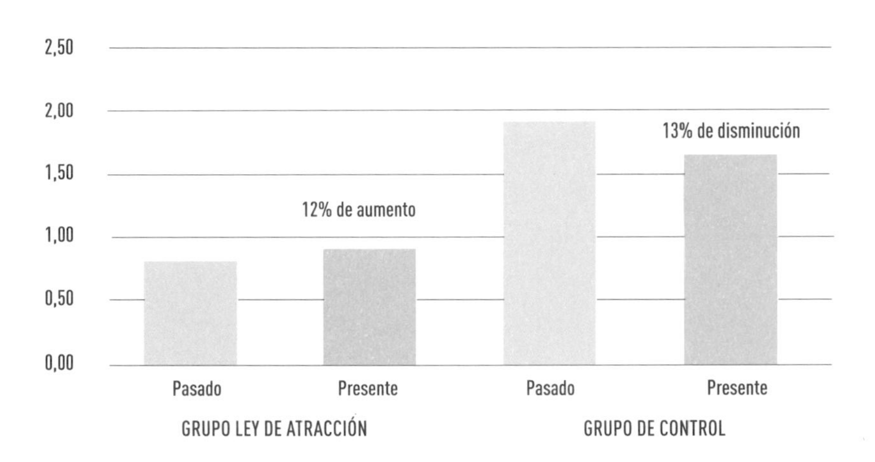

La cantidad de viajes al año aumentó un 22 por ciento en el grupo de control pasando de 2,38 a 2,90 por año. Y en el grupo LDA aumentó un 135 por ciento, de 2,20 a 5,19 viajes al año. El aumento en el grupo LDA fue 6,13 veces mayor que en el grupo de control.

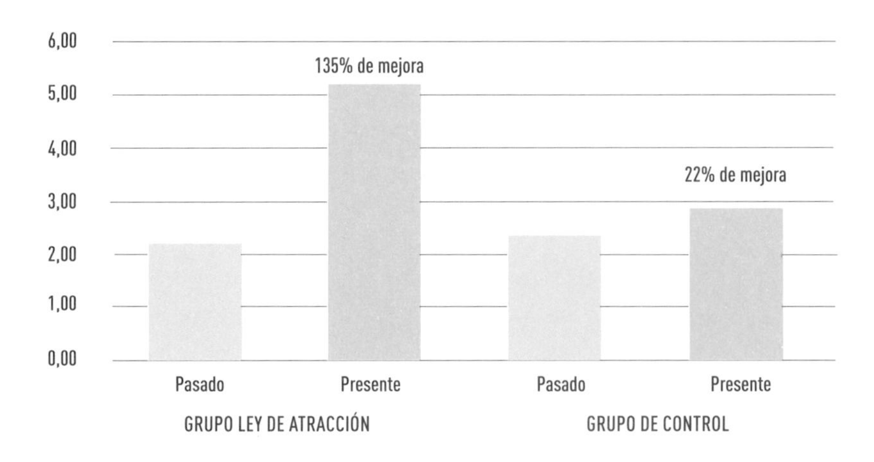

La cantidad de dinero que poseen en comparación con el que poseían en el pasado es el tema en el que más evolución han experimentado ambos grupos, con un 168 por ciento de aumento en el grupo de control (de 64.873 a 172.880) y con nada más y nada menos que un 963 por ciento de incremento en el grupo de LDA (de 26.267 a 279.338). El aumento del grupo de Ley de Atracción es 5,7 veces mayor que el del grupo de control. Una proporción interesante. Los resultados muestran la gran evolución que ambos grupos han experimentado a lo largo de los años en los temas que socialmente se relacionan con el éxito. Y muestra, sobre todo, lo que es posible cuando dedicas tu intención de forma consciente durante un periodo largo de tiempo (yo te recomendaría el resto de tu vida) a ser más feliz y a utilizar herramientas que te ayudan a mejorar tu vida. ¿Te apetece ya empezar a practicar?

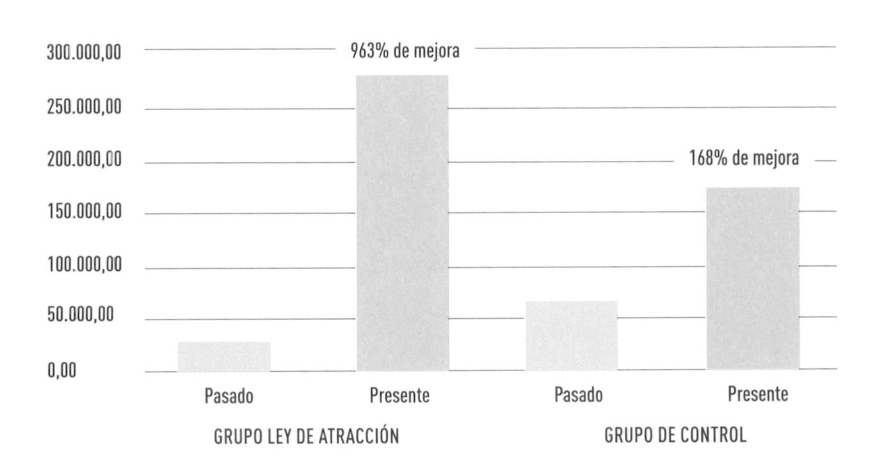

¿DECIDES CREER?

Como has estado leyendo en este capítulo, la Ley de Atracción dice que aquello que se asemeja se atrae, así que para atraer algo a tu experiencia necesitas que exista primero dentro de ti. Aquí no funciona el ver para creer porque no puedes percibir algo con tus sentidos que no existe en tu mente. Es necesario cambiar el orden y decidir lo que quieres creer para así poder verlo. Entonces, ¿decides creer? Los beneficios que experimentarás si crees son mayores que los prejuicios que tendrías si no lo haces.

Para ello voy a compartir contigo mi herramienta favorita de toma de decisiones. Es una versión modificada de la lista de pros y contras. En vez de eso, yo hago una enumeración de los pros y los pros de las opciones que tenga. En este caso serían los pros de creer que existe la Ley de Atracción y los de creer que no existe.

EJERCICIO

LISTA DE PROS Y PROS

Enumera los pros de creer que existe la Ley de Atracción y los pros de no creer que exista.

En primer lugar voy a mostrarte cómo lo haría yo:

PROS DE CREER EN LA LEY DE ATRACCIÓN	*PROS DE NO CREER EN LA LEY DE ATRACCIÓN*
• Que recuerdo que soy la creadora de mi vida. • Que cuando creo me conecto con la totalidad de quien soy. • Que veo mi vida desde una perspectiva que me hace feliz. • Que sigo confirmando su existencia. • Que logro éxitos maravillosos que nunca antes me atreví a desear. • Que la aplico y me funciona. • Que la puedo compartir con gente que la conoce y con gente que no la conoce. • Que la realidad tiene mayor profundidad, ¡y eso me encanta! • Que recuerdo que soy un ser eterno y que estoy aquí para disfrutar de la vida.	• Que algo de duda mantiene mi mente despierta. • Que me creo más la realidad y así la vivo más intensamente. • Que sé cómo se siente la gente que no cree en ella. • Que luego puedo volver a descubrirla y creer, ¡sintiéndome muy bien! • Que podría dedicar mi vida a estudiar otra cosa.

En mi caso la opción de creer me genera mayor bienestar interior. Así que mi decisión está tomada.

Ahora es tu turno: Busca los pros de creer y los de no creer. Y si lo tienes claro, también puedes aprovechar para tomar alguna otra decisión que tengas en mente buscando los pros de las opciones.

- *Los pros de creer en la Ley de Atracción:*

- *Los pros de no creer en la Ley de Atracción:*

A continuación voy a compartir una serie de estudios científicos que a lo mejor no prueban específicamente la Ley de Atracción, pero al menos te mostrarán que la realidad es mucho más sorprendente de lo que crees.

LEY DE ATRACCIÓN Y PSICOLOGÍA

Probablemente habrás observado que todos los estudios clínicos que he compartido en capítulos anteriores sobre felicidad y éxito sustentan la Ley de Atracción y lo que sucede cuando nuestra vibración es positiva.

Cuando practicas la Ley de Atracción, le prestas más atención a lo que deseas y, a medida que lo vas logrando, te das cuenta de que es posible. Al enfocarte en alcanzar una nueva vida y al creer que se puede conseguir, sueles arriesgarte más y encontrar nuevas oportunidades. Por el contrario, cuando crees que algo no puede suceder, tiendes a dejar escapar las oportunidades e incluso te pasan inadvertidas. Cuando tienes creencias negativas sobre ti mismo y sobre tu vida, puedes sabotear tus posibilidades de ser feliz. Al cambiar esa conversación interna, reviertes los patrones negativos en tu vida y creas otros más positivos, productivos y saludables. Una cosa buena lleva a la otra y comienzas a ascender en la espiral de felicidad y éxito.

En Psicología hay un concepto que se llama «Ley de la Percepción Selectiva» que consiste en que nuestra atención se fija en aquellos aspectos que consideramos más importantes. Recibimos una grandísima cantidad de información y solo procesamos una parte mínima. Según Francisco Rubia, catedrático de Medicina de la Universidad Complutense de Madrid[61], los sentidos son capaces de recibir más de

11.000.000 de bits por segundo, y la consciencia humana recibe de media 16 bits por segundo, lo que quiere decir que hay un 99,999 por ciento de la información de lo que nuestros sentidos son capaces de procesar que se nos escapa. Solo vemos el 0,001 por ciento que está alineado con nuestras creencias.

¡En esos 11.000.000 de bits que recibes en cada segundo puede estar lo que deseas! Solo has de mirar en la dirección adecuada, alineando tus creencias con tus deseos. Un ejemplo sencillo: si vas caminando por la ciudad te encontrarás con multitud de farmacias y seguramente no serás consciente de ello. Pero si necesitas una, irás en busca de una cruz verde y en pocos minutos encontrarás alguna. Imagina si utilizas tus pensamientos para encontrar lo que deseas en vez de pensar en lo que no quieres: podrías encontrar exactamente lo que quieres en medio de ese mar de información.

LA MAGIA DE LA ATENCIÓN

Voy a contarte algo que me pasó y que va en la línea de lo que te estoy hablando. Un día me desperté de mal humor y en ese estado me fui a trabajar en mi coche. Mis pensamientos no estaban siendo muy alentadores, mi conversación interna era algo así como: «Vaya desastre de día, yo no quiero ir a trabajar, me siento mal y encima no voy a encontrar aparcamiento ni de broma…», y con este panorama mental me dispuse a buscar un sitio para estacionar. Me costó encontrarlo, pero al final pude calmar mi mente, me fui más lejos y aparqué. Mientras caminaba hacia mi trabajo por la calle por la que unos minutos antes no había encontrado ningún sitio, descubrí uno, luego otro y después uno más. Tres grandes espacios que antes no existían en mi realidad habían aparecido como por arte de magia, la magia de mi atención. Por supuesto que antes también estaban, sin embargo, mis pensamientos limitantes no me habían permitido verlos. A partir de ese día, cuando iba a aparcar, me aseguraba de tener una conversación interna agradable y alineada con mi deseo de aparcar que me permitiera ver los sitios que estaba buscando. Todo esto explica la afirmación de la Ley de Atracción que dice que aquello en lo que nos enfocamos se manifestará, porque somos capaces de percibirlo.

Un estudio reciente de la Universidad de Toronto[62] descubrió que nuestro estado de ánimo puede cambiar la forma en que nuestra corteza visual, la parte del cerebro responsable de la vista, procesa la información. En este experimento se preparaba a los participantes para la positividad o la negatividad, y luego se les pedía que observaran una serie de cuadros. Aquellos que activaron un estado de ánimo negativo no procesaron todas las imágenes (se perdieron partes sustanciales del fondo), mientras que los que estaban de buen humor vieron más detalles. Los experimentos de seguimiento ocular[63] han demostrado lo mismo: las emociones positivas realmente expanden nuestra línea de visión periférica.

No solo percibimos más detalles cuando estamos alineados con las emociones que queremos experimentar y vemos las oportunidades que estamos buscando, además, los detalles que percibimos los evaluamos como positivos. En un estudio[64] se demostró cómo evaluamos de forma positiva aquello sobre lo que tenemos información positiva y cómo una parte importante de esa información proviene de nuestras emociones. Esta circunstancia es ampliamente conocida en el mundo del marketing: aunque parece que cuando compras algo, lo decides con tu mente, en realidad te estás dejando llevar por tus emociones.

Entonces, seguimos viendo cómo la felicidad atrae más felicidad: una persona positiva es capaz de ver más detalles, oportunidades y recursos, lo que le permite lograr sus objetivos e interpretar sus circunstancias como deseables. En estas circunstancias las personas están en una situación ideal para «ampliar y construir»[65 y 66]. En otras palabras, como todo va bien, los individuos pueden expandir sus recursos y amistades; pueden aprovechar la oportunidad para desarrollar su repertorio de habilidades para uso futuro; o pueden descansar y relajarse para reconstruir su energía y después usar altos niveles de esfuerzo[67]. Parece que aquello que se asemeja no solo se atrae, sino que además crece.

Las personas con felicidad crónica también han demostrado tener una actitud más positiva hacia los demás. Por ejemplo, en un estudio[68] los participantes felices recordaron a las personas con las que se encontraron de forma más benévola que sus compañeros menos felices, describiéndolos como amables, seguros de ellos mismos, abiertos, tolerantes y cálidos, y afirmaron querer ser sus amigos. En otro estudio[69] se encontró que los profesores felices escribían mejores cartas de recomendación.

Las personas felices también juzgan a sus amigos, esposos y familias de forma más favorable[70]. Por ejemplo, después de leer una biografía ficticia de «Jim», los estudiantes que tenían un nivel de emociones positivas relativamente más alto tenían más probabilidades de estar de acuerdo con las conclusiones positivas de la narrativa (por ejemplo, «Jim es interesante») y menos probabilidades de estar de acuerdo con las negativas (por ejemplo, «Jim se divorciará»)[71 y 22].

En conclusión, una persona positiva es capaz de ver más detalles, oportunidades y recursos, lo que le permite lograr sus objetivos e interpretar sus circunstancias como deseables. Además, tiene una actitud más positiva hacia los demás y les juzga de forma más benévola. Por ello tiene más amigos y un mejor soporte social[72].

LA PROFECÍA DE AUTOCUMPLIMIENTO

Otro concepto de la Psicología que está en línea con la Ley de Atracción es la profecía de Autocumplimiento[73], que es la tendencia que tenemos a actuar de modo que se cumplan nuestras creencias y expectativas e incluso a cambiar la interpretación de los hechos para que se ajusten a la idea previa que teníamos de los mismos. En otras palabras, lo que crees lo acabas creando. Por eso es importante elegir la historia que te cuentas a ti mismo, para que la versión que se haga realidad sea la que más feliz te haga.

Algo parecido sucede con el efecto placebo en medicina. El efecto placebo muestra que la mente es capaz de curar el cuerpo en ocasiones cuando, gracias a la creencia de que una sustancia es curativa, al final acaba siéndolo. Así que el efecto placebo es otra demostración más de la Ley de Atracción: lo que crees lo creas.

CONVIÉRTETE EN UN IMÁN DE EXPERIENCIAS POSITIVAS

Si aquello que se asemeja se atrae, tú puedes convertirte en la esencia emocional de lo que deseas para así atraerlo. Te conviertes en un imán de experiencias y emociones positivas. Y es que deseas lo que deseas porque piensas que te sentirás más feliz cuando lo logres, y la felicidad además te ayudará a conseguir el éxito que deseas. Así que, cuanto más feliz eres, más éxitos atraes a tu experiencia que al final son deseos cumplidos de manera satisfactoria. Un ciclo maravilloso de felicidad que se retroalimenta, ¡esta es la mejor forma de usar la Ley de Atracción!

MENTE SOBRE MATERIA

En 1927, en la quinta conferencia de Solvay sobre electrones y fotones en Bruselas, los físicos más notables del mundo se reunieron para discutir la nueva teoría cuántica. En ella se admitió una nueva propuesta de «mente sobre materia» para lograr entender los comportamientos inexplicables en la mecánica cuántica entre los físicos más brillantes de la época. Niels Bohr y Werner Heisenberg se acercaron a Albert Einstein con una nueva teoría: las mentes de los investigadores estaban afectando a los resultados de los experimentos.

La dualidad onda partícula, el hecho de que un electrón se comporte como una u otra dependiendo de si es observado o no, es algo que se ha demostrado repetidas veces a nivel microscópico (en casi cien años no se ha podido demostrar lo contrario), incluso ha servido como base para la revolución tecnológica que vivimos. Sin embargo, a nivel macroscópico (al nivel que podemos ver con nuestros ojos) parece que la realidad funciona de una forma distinta. Por lo que todavía seguimos sin darle explicación a muchos de los procesos que suceden en la naturaleza. El universo es como un puzle y los científicos están colocando sus piezas en cada área.

Uno de los experimentos que ilustran el efecto de mente sobre materia es el de la doble ranura[74]. En ese experimento se demuestra que un electrón se comporta de forma distinta si lo estamos mirando o no. Cuando no lo miramos, se comporta como una onda, rodeado de una nube de posibilidades, y cuando lo miramos, esas posibilidades colapsan en una y el electrón acaba manifestándose como partícula. El hecho de que haya una mente que mida y observe lo que sucede modifica el comportamiento de ese electrón. Todavía no se sabe cómo enlazar esto que sucede a nivel microscópico con las leyes de la física clásica, sin embargo, tanto el observador como el elemento observado están hechos de átomos, y esos átomos tienen electrones, por lo que es posible que el observador afecte a lo observado de alguna manera. De esta forma la mente afectaría a la materia. Se ha realizado un metaanálisis[75] de 800 experimentos sobre el tema y los resultados han mostrado cómo la mente afecta a la materia con efectos inequívocamente no aleatorios en condiciones experimentales.

Por otro lado, también sabemos que nuestro mundo físico depende en gran medida de los campos eléctricos y magnéticos. Si cambias el campo electromagnético de un átomo, cambiarás ese átomo. Este es el mismo campo electromagnético que producen el cerebro y el corazón humano. En esencia, cuando una persona tiene un pensamiento o experimenta una emoción, el corazón y el cerebro generan unas ondas electromagnéticas determinadas que afectan a todo tu cuerpo. ¿Podría ser que el campo electromagnético de tu cuerpo, que se extiende unos metros más allá de tu cuerpo físico, pueda afectar a los átomos de lo que te rodea? Todavía no se ha demostrado (al menos yo no he encontrado ningún estudio al respecto), así que te dejo la pregunta abierta...

En otro experimento[76] se demostró cómo, a través de electrodos colocados en la cabeza de los participantes, estos podían modificar unas imágenes usando su pensamiento. Y es que la mente puede afectar a la materia porque está conectada con ella.

VISUALIZA TU FUTURO

Los científicos del Instituto de Neurología de Londres[77] descubrieron que las personas que visualizan un futuro mejor tienen más probabilidades de hacerlo realidad.

Esto es justo lo que dice la Ley de Atracción. Que las imágenes mentales de una vida mejor ayudan a atraer esa vida que deseamos. En esta publicación los neurólogos afirmaron: «La capacidad de construir un escenario hipotético en su imaginación antes de que ocurra realmente puede permitir una mayor precisión en la predicción de su resultado final». Además, según un estudio de la Universidad Curtin[78],l o mejor que pueden hacer las personas que quieren mejorar su estilo de vida es visualizarlo. Las personas que imaginan un estilo de vida más saludable son más propensas a encontrar la motivación para conseguirlo.

Wayne Rooney fue el mejor jugador de la liga inglesa (temporada 2014-2015) y llegó a ser uno de los tres futbolistas con mayores ingresos del mundo. Desde hace algunos años Rooney lleva a cabo ejercicios de visualización y les atribuye gran parte de su éxito: «Me dedico un buen rato a visualizarme en el partido del día siguiente. Me imagino metiendo goles»[79].

Él es solo un ejemplo. En el deporte profesional existen cientos o incluso miles de atletas que visualizan a diario. Entre ellos, el corredor Michael Johnson, el golfista Tiger Woods o el baloncestista de Los Ángeles Lakers Kobe Bryant. Todos hablan maravillas de esta técnica.

El psicólogo australiano Alan Richardson[80] hizo que un grupo de jugadores de baloncesto que llevaban semanas o meses sin jugar lanzasen cien tiros libres y anotasen las veces que encestaban. A partir de ahí se trataba de ver cómo mejoraban a través de distintos entrenamientos durante un mes. Richardson dividió a los jugadores en tres grupos: el primero se entrenó de forma real durante veinte minutos al día; el segundo entrenó solo mentalmente y el tercero se tenía que olvidar del baloncesto durante ese mismo periodo. Al finalizar ese tiempo todos volvieron a lanzar una serie de cien tiros y estos fueron los resultados: los tiradores del primer grupo que habían hecho entrenamiento físico mejoraron sus estadísticas un 24 por ciento; los del segundo grupo de entrenamiento mental, un 23 por ciento, y los del tercer grupo sin entrenamiento se quedaron exactamente igual. Sorprendentemente los resultados de los entrenamientos mental y físico fueron prácticamente los mismos.

¿Qué pasaría si un cuarto grupo entrenara mental y físicamente? ¿Te apetece ser de ese cuarto grupo y usar todo el potencial de tu cuerpo y tu mente?

AFIRMACIONES POSITIVAS

Las afirmaciones, otra herramienta clave en el arsenal de la Ley de Atracción, también están respaldadas por la Psicología. Por ejemplo, un estudio demostró[81] que las personas

que constantemente se dicen a ellas mismas que pueden cumplir una meta tienen más probabilidades de obtener un resultado positivo.
Repite conmigo: «Hoy soy capaz de lograr lo que me propongo».

LEY DE ATRACCIÓN EN TU CEREBRO

Según Srini Pillay[82], doctor en Medicina, «los estudios recientes de imágenes cerebrales están demostrando que el cerebro cumple de hecho su función con la Ley de Atracción».

La mejor prueba es la existencia de las neuronas espejo, un grupo de células cerebrales que reflejan el comportamiento de alguien que está siendo observado. Cuando observas a alguien que realiza una acción, se activan en tu cerebro las mismas áreas que a la persona que está ejecutando la acción. Estas activaciones se ven en la corteza premotora y parietal del cerebro: regiones que preparan al cuerpo para el movimiento y la atención.

Según el doctor Marco Iacoboni, un neurocientífico que estudia las neuronas espejo en la Universidad de California: «Si me ves en estrés emocional porque me he atragantado, las neuronas espejo de tu cerebro imitan mi estrés. Automáticamente sientes empatía hacia mí. Sabes cómo me siento porque literalmente sientes lo que estoy sintiendo»[83].

Otro conjunto de hallazgos en el cerebro también son similares a la Ley de Atracción. Han demostrado[84] que el miedo activa las conexiones de la amígdala. Cuando los investigadores mostraban a la gente caras temerosas, la amígdala se activaba como si esas personas estuvieran experimentando miedo. Lo más sorprendente es que hay formas de cambiar el experimento para que las personas no sepan que están viendo esas caras asustadas y aun así la amígdala también se activa. Incluso la amígdala de las personas invidentes y de aquellas cuyos cerebros han sido dañados se activará. Atraemos el miedo al instante porque estamos conectados con otras personas y sus cerebros. Es por eso que las personas asustadas hacen que otras personas tengan miedo. Y hay personas felices que contagian su felicidad. De la misma manera que nuestros cerebros reflejan las acciones de otros, también reflejan sus emociones, y porque nuestra percepción va más allá de nuestros cinco sentidos.

EL PODER DE LA INTENCIÓN

Otra evidencia que respalda la Ley de Atracción[85] se relaciona con el poder de la intención. La activación de los mecanismos que hacen posible la intención genera que también se activen los centros de acción. Esto coincide con lo que propone la Ley de Atracción: definir tu intención y activarla constantemente hasta encontrar cuál es la acción inspirada y que te resulte fácil de ejecutar.

CONCLUSIONES

La acción atrae acción de otra persona (por las neuronas espejo). La emoción de alguien atrae la misma emoción de otra persona[86] (por la activación de la amígdala). Y la intención cuando es fuerte acaba atrayendo una acción (que puede terminar atrayendo otra acción que generará una emoción que atraerá otra emoción, etcétera). Parece ser que el funcionamiento de nuestro cerebro está basado en la atracción.

Los detractores de la Ley de Atracción consideran este tipo de resultados «solo placebo». Un placebo, según la RAE, es «una sustancia que, careciendo por sí misma de acción terapéutica, produce algún efecto curativo en el enfermo si este la recibe convencido de que esa sustancia posee realmente tal acción». El efecto es real y es la propia creencia de quien recibe la sustancia la que genera el efecto que es exactamente lo que la Ley de Atracción propone: cambiar tus creencias para lograr los efectos que deseas, primero en tu fisiología y después en tu vida.

INTUIMOS LO QUE VA A SUCEDER ANTES DE QUE SUCEDA

La Ley de Atracción sugiere que todo lo que existe es vibración y que los seres humanos podemos percibir esa vibración antes de que se haya manifestado a nivel físico. Esto fue demostrado por Daryl Bem, un psicólogo de la Universidad Cornell que, al haber estudiado Física con anterioridad, decidió realizar nueve estudios con más de mil participantes en los que combinaba los avances en física cuántica con el funcionamiento del cerebro. En la mayoría se demostró lo mismo: intuimos lo que va a suceder antes de que suceda. En uno de ellos[87], por ejemplo, se mostraban imágenes emocionalmente impactantes al azar y los participantes tenían una respuesta fisiológica antes de ver la imagen, y lo más sorprendente: estos cambios sucedían incluso antes de que la imagen fuera elegida por el sistema.

LEY DE ATRACCIÓN Y FÍSICA

Cada avance en la física nos muestra que el universo es mucho más sorprendente de lo que pensábamos. Los físicos son conscientes de todo lo que ignoramos del funcionamiento del universo. Los científicos han construido modelos que tratan de explicar la realidad, pero están limitados por lo que los seres humanos somos capaces de entender. La mecánica cuántica ha sido ampliamente probada y es la responsable de gran parte de los avances en la tecnología de los últimos años. Sus implicaciones, aunque son difíciles de entender, abren la puerta al funcionamiento que propone la Ley de Atracción.

¿POR QUÉ EXISTE EL UNIVERSO?

Los mayores descubrimientos han venido de parte de personas que han desafiado los conocimientos establecidos de su época. Es común que al comienzo esas ideas sean rechazadas: Galileo estuvo en prisión o la gente desaprobaba a Faraday por su limitada educación formal. Y cuando Einstein publico sus obras en 1905 no pasó nada, la gente no conectaba con sus ideas.

Uno de los grandes genios de la física del siglo xx, el doctor John Wheeler, centró sus estudios en una pregunta más importante: ¿por qué existe el universo? En su trabajo, descubrió que para que el universo existiera, se requería algo para observarlo. La consciencia y el universo estaban fundamentalmente interrelacionados. No podrías tener uno sin el otro.

En 1984, un experimento basado en el trabajo de Wheeler demostró que la forma en que elegimos observar una partícula determina no solo lo que está haciendo ahora, sino lo que hizo para llegar a donde está ahora. Esto significa que, a nivel cuántico, las observaciones del momento presente también pueden cambiar el pasado[89].

Esto abre todo tipo de posibilidades para la pregunta de qué estamos creando cuando nuestras mentes están esperando, evaluando y visualizando. Es fácil imaginar que nos dirigimos a un futuro diferente, ¿podrías también estar creando un presente diferente o un pasado diferente?

Espero que este capítulo haya abierto tu mente a nuevas posibilidades y que te ayude a darte cuenta de que tú tienes el poder de crear tu realidad. Ojalá encuentres en estas páginas la manera de lograr la vida que deseas.

EL UNIVERSO Y EL OBSERVADO EXISTEN COMO UN PAR. NO PUEDO IMAGINAR UNA TEORÍA CONSISTENTE DEL UNIVERSO QUE IGNORE LA CONCIENCIA.

ANDRÉI LINDE[88]

4

LAS CINCO CLAVES DE TU FELICIDAD

Y te preguntarás si se puede ser feliz ya y cómo puede lograrse. Tras más de una década de formación e investigación con miles de clientes que han buscado y buscan la felicidad, he comprobado una y otra vez que no viene del exterior por la consecución de un deseo u objetivo. Ser feliz es una toma de decisión consciente y constante. Y en este momento, estés viviendo lo que estés viviendo, puedes elegir la alegría. Y cuando te diriges hacia ese camino, tus circunstancias cambian. Sin embargo, si estás esperando a que tus circunstancias cambien para lograrla, puede que nunca pase nada, o quizá ocurra algo que no te satisfaga.

Durante estos años de estudio he recolectado estas cinco claves que son las que más han ayudado a las personas con las que trabajo a ser felices en sesiones individuales y grupales. Y ahora quiero compartirlas contigo.

Ten en cuenta que gran parte de lo que está escrito aquí proviene de mi propia experiencia y de la de mis clientes, y en ningún caso pretende ser una guía más fiable que la tuya propia. De hecho, el contenido de estas páginas está orientado a enseñarte a usar tu propio sistema de guía de felicidad. Por favor, todo lo que leas en estas páginas pásalo por el filtro de tu sentido común y saca tus propias conclusiones. Haz los ejercicios cuando te hagan sentir bien y déjalos para después o no los hagas si no es así. Esta es la mejor manera de usar *Sé feliz ¡ya!*

Estas cinco claves estarán en todo el contenido teórico y práctico de este libro. Las repetiremos varias veces y de distintas formas para que las vayas aprendiendo e integrando.

1. *Relajación.* La habilidad (o entrenamiento) de echar el freno cuando así lo necesitas. En nuestra forma de vida actual los estímulos externos nos activan en exceso. La televisión, las redes sociales, el teléfono, los anuncios o el trabajo nos aportan mucha información que nos acelera y necesitamos aprender a parar. La falta de equilibrio entre nuestro estado de activación y de relajación nos genera estrés, y como consecuencia, ansiedad, insomnio, problemas físicos, etcétera. Hay distintas maneras de relajarse y cada persona puede encontrar la que le funcione mejor, por ejemplo: hacer ejercicio, escuchar música, hablar con amigos, hacer yoga o meditar. Sin embargo, hay algo que hacemos todos: respirar. La respiración es una de las formas que desde el Instituto HeartMath recomiendan para bajar los niveles de estrés[90]. Las técnicas que proponen están basadas en 300 estudios clínicos sobre el estrés. Podemos usar nuestra respiración para aliviar el estrés, algo que los yoguis llevan estudiando milenios. Haz una prueba. Inhala profundamente mientras cuentas 5 segundos, ahora exhala contando 5 segundos también. Acabas de calmar tu sistema nervioso, y posiblemente te has relajado. Fácil, ¿verdad? De esta forma, la relajación se convierte en un proceso sencillo, no necesitas hacer grandes cosas, solo detener lo que estés haciendo y respirar conscientemente durante 10 segundos (5 inspirando y 5 exhalando), repitiendo cuatro respiraciones completas. Te recomiendo hacer esta serie antes de contestar las preguntas que vienen a continuación y cada vez que sientas que te aceleras demasiado. Además, en mi página web www.aliciacarrasco.com podrás descargarte un audio de un minuto que te ayudará a relajarte usando tu respiración.

2. *Conexión.* La conexión es la unión que se establece para que pueda haber una relación o comunicación. La primera conexión que tenemos es con nosotros mismos y es lo que va a definir cómo son el resto de nuestras relaciones. Conectar contigo mismo implica tener la capacidad de ser quien eres de verdad, de experimentar tus emociones tal cual son y así poder trazar el camino hacia la felicidad que deseas. Esta conexión con uno mismo, también denominada «interocepción», afecta a las emociones, al conocimiento y a nuestra autopercepción. Si bien todos estamos conectados con nosotros mismos, tenemos distintos niveles de sensibilidad. Se ha demostrado que las personas con una alta conexión interior, como por ejemplo, las personas que son más precisas en las tareas de medición de los latidos del corazón, «son más intuitivas, experimentan una excitación emocional más fuerte, tienen mejor memoria para el material emocional y quizá son más capaces para controlar sus emociones negativas»[91]. Y esta sensibilidad puede entrenarse, prestándole una mayor atención a estas sensaciones internas. Una vez que has conectado con tu estado actual, te resultará sencillo alinearte con tu estado deseado. Y preguntarte es la mejor forma de conectarte. En este libro voy a sugerirte muchas preguntas para que encuentres la mejor manera de hacerlo.

3. *Entendimiento.* Saber cómo funciona el ser humano en este universo es la clave para tener la vida óptima que te mereces. Entender realmente el potencial que tienes de crear tu vida y actuar en consecuencia te ayudará a caminar más feliz. Conocer las Leyes Universales te faci-

litará la consecución de tus deseos y el mejor manejo de tus emociones. Como ya habrás comprobado, este libro está basado en las enseñanzas de la Ley de Atracción. Lo bueno de esta ley es que es sencilla y para entenderla solo tienes que entrenarte.

4. *Entrenamiento.* Existe la creencia de que la felicidad futura puede conseguirse con el sacrificio de la felicidad presente. Nada más alejado de la verdad. Según mi experiencia y la de mis clientes, el camino hacia la felicidad ha de ser feliz. El camino del sufrimiento al final acabará en más sufrimiento. Y la felicidad tampoco consiste solo en placer a corto plazo, y menos aún cuando este va acompañado de miedo al futuro. Según Martin Seligman[92], el pionero en la Psicología positiva, la felicidad tiene tres componentes medibles: placer, compromiso y significado, y los entrenarás porque están contemplados en estas páginas. Practicar pensamientos felices te hará sentir más alegre, te ayudará a lograr éxitos y, por consiguiente, te llevará a una vida feliz. La higiene mental es tan importante como la corporal, es algo que ha de hacerse todos los días. En algunos momentos, la información de este libro te resultará repetitiva... ¡porque lo es! Y por muy buenas razones, porque con cada repetición estamos creando nuevas conexiones neuronales de pensamientos felices, y para crearlas, hay que recibir la información una y otra vez. Sin duda, *Sé feliz ¡ya!* va a facilitarte el entrenamiento para ser feliz.

5. *Inspiración.* Cuando nos contamos historias generamos oxitocina, y esta le dice a nuestro cerebro que es segu-

ro acercarnos a otros, lo que nos motiva a conectar y a cooperar[93]. Rodearte de personas que te aportan porque tienen lo que tú deseas; de las que aprender tácticas, herramientas y perspectivas; con quienes compartir diversión y felicidad, es muy importante para incrementar tu propia felicidad. En este homenaje a la felicidad que tienes entre tus manos, comparto contigo mis éxitos y aprendizajes y también los de algunos de mis clientes. Te recomiendo que extiendas la inspiración más allá de este libro y que abras los ojos para recibirla de quienes te rodean. Y además te sugiero que tu corazón sea transparente para que también compartas inspiración. Varios estudios demuestran[94] que los estudiantes que dedican tiempo a enseñar lo que han aprendido muestran mejor comprensión y retención de conocimientos que los estudiantes que simplemente pasan el mismo tiempo estudiando de nuevo. Así que, si quieres asimilar más fácilmente lo que aprendas en este libro compártelo, para eso tenemos nuestro grupo de Facebook de Gente Feliz ¡ya! Te invitamos a unirte y recibir la inspiración de gente que valora la felicidad tanto como tú.

EJERCICIO

PRACTICAR LAS CINCO CLAVES

Te recomiendo que practiques estas cinco claves de la felicidad con este ejercicio. Puedes repetirlo siempre que quieras, solo tienes que encontrar un minuto cuando te venga bien. Te explico cómo lo haría yo:

1. ***Relajación***. Me siento y me relajo centrándome en mi respiración durante un instante.

2. ***Conexión.*** Me pregunto cómo me siento y cómo me gustaría sentirme. Ahora estoy calmada pero algo cansada. Me gustaría tener más energía y confianza.

3. ***Entendimiento.*** Me repito esta frase mentalmente tres veces: «Yo, Alicia, soy la única creadora de mi realidad y elijo crear una vida feliz».

4. ***Entrenamiento.*** Me pregunto por qué soy feliz. Yo hoy soy feliz porque estoy tranquila, porque hace sol, porque tengo la oportunidad de conectarme contigo, porque estoy escribiendo estas páginas, porque estoy cumpliendo un sueño, porque estoy segura de que tú vas a cumplir los tuyos y porque ¡me los contarás y lo celebraremos juntos!

5. ***Inspiración.*** Me pregunto cómo quiero impactar en el exterior. Me gustaría que la gente a mi alrededor se sintiera superalegre. Me encantaría gritar a los cuatro vientos que se puede ser feliz en este momento. Además me pregunto: «¿Quién me inspira felicidad?». Y sé que siempre puedo recibir inspiración de mi madre, que elige sonreír pase lo que pase.

Ahora es tu turno:

1. ***Relajación.*** Tómate un minuto para respirar y relajarte. Puedes hacer cuatro respiraciones conscientes de 10 segundos cada una (5 segundos inspirando y 5 segundos exhalando).

2. ***Conexión.*** Pregúntate cómo te sientes y cómo te gustaría sentirte.

Me siento --

--------------------- y me gustaría sentirme ----------------

----

3. ***Entendimiento.*** Repítete esta frase mentalmente tres veces:

Yo, (tu nombre) -------------------------, soy el/la único/a creador/a de mi realidad y elijo crear una vida feliz. ----------------

----

----

4. ***Entrenamiento.*** Yo hoy soy feliz porque...

----

5. ***Inspiración.*** ¿Cómo te gustaría que se sintiera la gente a tu alrededor? ¿Qué mensaje les quieres dar? ¿De quién puedes recibir inspiración?

Ahora puedes copiar y pegar tu mensaje en el grupo de Facebook de Gente Feliz ¡ya! para inspirar y llenarte de la inspiración de nuestra comunidad. Este grupo fue creado a partir del curso *online* de *Ser feliz ¡ya!* como forma de mantener la inspiración constante entre los participantes. *Sé feliz ¡ya!*, además de ser un libro maravilloso, también es un curso *online* que entrena tu músculo de la felicidad a través de vídeos, cuadernos de ejercicios y el apoyo de una comunidad *online*. Puedes encontrarlo en www.aliciacarrasco.com.
Copia y pega el mensaje en el grupo de Facebook y ¡que empiece la fiesta!

ENCIENDE EL GPS DE TU FELICIDAD

Saber cómo se enciende tu navegador es importante para empezar a usarlo. También lo es descubrir dónde están los botones y cómo poner las coordenadas. Encender el GPS de la felicidad es confiar en las respuestas que tu interior te ofrece y en la seguridad de que estas te conducirán a un mayor estado de felicidad. Cambiar las circunstancias externas te podría hacer feliz; sin embargo, los cambios internos son seguros y duraderos. Los botones de creación de tu vida nunca están fuera; están dentro de ti, pero ¿dónde? Es tu mente y su capacidad de decisión la que pone la dirección al navegador; tus pensamientos los que te dirigen en una dirección o en otra; tus emociones las que dictan en qué lugar te encuentras y si te estás acercando o no a tu destino.

Para usar tu navegador interno necesitas saber dónde estás y dónde quieres ir, y además has de entender su lenguaje. Sabes dónde estás por cómo te sientes en este momento. Cada instante recibes información precisa del lugar exacto en el que te encuentras y si te estás acercando o alejando a tu máximo potencial y a lo que deseas. Como en el juego de «Frío o caliente», tu sistema emocional te indica cuál es la dirección que te lleva a tus deseos con una sensación creciente de bienestar. También te avisa cuando te alejas de ellos, porque aparecen emociones que te hacen sentir mal. Además, cuanto más se parezcan tus emociones presentes a las deseadas, más cerca estás de conseguir eso que anhelas.

Dónde quieres ir está indicado por tus deseos y por la emoción que piensas que sentirás cuando los consigas. Es importante que introduzcas la dirección exacta a la que quieres ir en tu GPS. Parece obvio, pero entonces ¿por qué a veces tu mente está más llena de lo que no quieres que de lo que sí? Es ella la que decide hacia dónde te diriges y es importante que dirijas tu intención a lo que quieres para que puedas conseguirlo.

Hacia dónde te diriges está determinado por tus expectativas, lo que crees sobre la realidad. Por ejemplo, si estás en un estado de infelicidad con tu pareja y tu deseo es sentirte feliz con ella, lo lograrás si esperas que sea posible. Si piensas que es imposible, así será, como indica la profecía de autocumplimiento que te conté antes.

Cuando alineas tus expectativas con tus deseos, o, en otras palabras, cuando esperas lo que deseas, lo acabas haciendo realidad. Cuando te das cuenta de que tu felicidad vive en tu interior, has encendido tu GPS. La satisfacción no vive fuera de ti, en ese objetivo que deseas lograr, en esa relación, en el sueldo perfecto o en el trabajo de tus sueños. La felicidad siempre vive en la perspectiva que eliges tomar sobre las cosas que te suceden. Y aquí funciona que te pongas creativo, que observes todo lo que te rodea con la mejor perspectiva. Porque es entonces cuando permites que las situaciones mejoren. También puede ayudar la imaginación. Si no encuentras una perspectiva ideal, invéntatela. Imaginando en el futuro el resultado deseado o simplemente abriéndote a la posibilidad de que así sea. Tengo un ejemplo muy reciente de esto: hace unos días tenía un billete para volar de Madrid a Eindhoven a las 17.00 y contaba con el tiempo justo para impartir una clase en la Escuela de Bienestar a los profesionales del Hospital Ramón y Cajal. El día anterior fui a facturar y me di cuenta de que habían adelantado cuatro horas el vuelo, por lo que no me daba tiempo a hacer el taller. Pregunté a todos los profesores que me podían sustituir en la Escuela de Bienestar y ninguno estaba disponible. Las opciones que tenía eran cancelar esa clase o gastarme doscientos euros en un nuevo billete, y ninguna de las dos me agradaba. No encontraba una salida, y quería lograr esa perspectiva desde la que se viera la solución. Decidí pensar que ese contratiempo podía ser beneficioso en algún momento. Así que opté por ampliar mi perspectiva y pedir ayuda a mi pareja. Hablando con él, me recordó que podía aceptar radicalmente la situación y eso me ayudó (siempre me hace sonreír cuando me sugiere con gracia y algo de ironía que aplique a mi vida lo que enseño). También fue beneficioso pensar que tenía la libertad de elegir cualquiera de esas dos opciones y de alinearme con ellas. Además, pensé que el mundo no se iba a acabar si cancelábamos una clase de la Escuela de Bienestar, ni tampoco iba a pasar nada si me gastaba el dinero en ese billete. Después de alinearme, decidí hablar con la compañía aérea y les pregunté cuánto costaba cambiar el billete a otro día. Para mi sorpresa, me dijeron que, como ese vuelo había alterado la hora, podía cambiarlo de forma gratuita. Además, ese cambio me permitió acudir a un evento en el hospital al que me apetecía mucho ir (incluso me acordé de que había estado valorando la opción de cambiar el billete unas semanas antes).

Puede ser que tu primera reacción al experimentar una situación no deseada sea intentar solucionarla desde una perspectiva de escasez de recursos o de abundancia de problemas. Puedes intentar cambiar las condiciones externas en un estado de malestar. Desde ese punto de vista la solución no es visible, y cambiar el exterior mientras te sientes mal es muy cansado e ineficiente. Sin embargo, cuando te convences a ti mismo de que existe una nueva perspectiva y encuentras esa que te hace sentir bien, las acciones que emprendas serán más efectivas. En ese momento has encendido el GPS de tu felicidad.

En este libro vamos a tratar estas cinco claves: vas a relajarte, a conectarte contigo y a entender cómo funcionan tu mente, tus emociones y tu energía. Además, vas a practicar nuevas formas de pensamiento y aprenderás a compartir y recibir inspiración.

En los capítulos que leerás a continuación vamos a recorrer el camino hacia un mayor estado de felicidad. Te guiaré para que puedas identificar dónde estás en el mapa de la felicidad y para descubrir dónde quieres estar. Conocerás el coche y al conductor, le echarás gasolina a tu vehículo y, por último, practicarás el teletransporte, la forma instantánea de llegar a donde quieres ir.

¡Súbete, que te llevo!

«La alegría de tu vida depende de la calidad de tus pensamientos».

Marco Aurelio

5

¿DÓNDE ESTÁS EN TU CAMINO DE LA FELICIDAD?

En este capítulo vas a descubrir dónde estás en el mapa de la felicidad y por qué es tan importante saber y aceptar cómo te sientes en este momento. Para lograrlo aprenderás a usar la aceptación radical, la herramienta más efectiva para reconciliarte con tu situación actual. También entenderás en profundidad cómo funcionan tus pensamientos, emociones y vibración, y encontrarás la relación entre ellos para que puedas usarlos de la forma más alineada. Lo lograrás aprendiendo a desarrollar tu sensibilidad emocional.

¡Empezamos!

¿POR QUÉ ES TAN IMPORTANTE SABER DÓNDE ESTÁS?

Es importante saber dónde estás en tu camino hacia la felicidad que deseas porque así puedes llegar a donde quieres estar. Desde un estado de rechazo de la situación presente no llegarás nunca al futuro deseado porque el rechazo genera más rechazo y te aleja de lo que deseas, nunca te acerca.

Si ignoras dónde estás tampoco puedes alcanzar tu destino porque sientes confusión. De la misma forma que tu GPS no funciona si no sabe dónde estás, tú no puedes caminar hacia la vida que deseas si no conoces y aceptas tu situación actual. Además, cualquier avance que hagas desde un punto distinto a donde estás actualmente no será real y te generará más tensión.

Si yo me siento triste en este momento e intento fingir que estoy contenta sin prestarle atención a cómo estoy, no me dirijo hacia mi estado deseado, sino que estoy rechazando mi estado actual e ignorando mi guía emocional. En un ejemplo de Abraham-Hicks[102], mundialmente conocido por sus enseñanzas sobre la Ley de Atracción, sería como ponerle una pegatina de carita sonriente al indicador de gasolina de tu vehículo cuando está vacío. No tiene mucho sentido, ¿verdad?

Solo tienes poder de acción en el ahora y, por eso, es importante saber dónde estás. Cuando lo sabes y además te reconcilias con ese estado, te das cuenta de que no está tan mal. Muchas veces lo que te tensiona es la resistencia que tienes a estar donde estás o a sentirte como te sientes. Sin embargo, una vez que lo aceptas, lo sientes y lo permites, desaparece la lucha. Entonces te sientes mucho mejor.

¿Por qué es importante saber dónde estás? Porque tus emociones son tu sistema de guía. Las emociones no son esa cosa molesta que te impide hacer lo que quieres o que te hace sentir mal porque sí, las emociones son una herramienta muy valiosa e imprescindible para que consigas la felicidad que deseas. Son tus emociones las que te van a guiar hacia el estado de alegría y armonía que estás buscando.

Estás donde estás y accedes a las emociones que tienes activas en este preciso momento. Esas suelen ser las emociones que has estado practicando últimamente. Por ejemplo, si llevas mucho tiempo en un estado de depresión es muy difícil que logres un pensamiento de alegría, de optimismo o de entusiasmo. Sin embargo, sí puedes alcanzar emociones similares porque tengan un nivel vibratorio parecido. Vamos a aprovechar este hecho para ir escalando pasito a pasito hacia un estado de mayor felicidad.

Si yo estoy en un estado de optimismo, accederé a un estado de ilusión, de entusiasmo y de satisfacción, pero esto solo será posible progresivamente, mejorando poco a poco mi estado emocional y usando el poder de mi pensamiento (ya descubrirás más adelante cómo hacerlo).

TU PODER DE ATRACCIÓN

La Ley de Atracción es una ley universal que dice que aquello que se asemeja se atrae. Es decir, que atraemos a nuestra vida aquello que tenemos activo vibratoriamente en nuestro interior. Las emociones y los pensamientos que vivimos ahora son un poderoso imán que atrae más pensamientos, emociones, situaciones, personas y cosas del mismo tipo. Es por eso que si nuestra prioridad es sentirnos mejor, atraeremos así lo deseado a nuestra experiencia y viviremos una vida más plena.

Como ser humano adoras la expansión continua, lo que te hace inconformista por naturaleza. Tienes una gran fuerza inagotable en tu interior que es el deseo, y esa fuerza te hace avanzar siempre hacia lo deseado y alejarte de lo no deseado. Si estás en lucha con lo no deseado, no puedes alejarte de ello, y te sentirás mal.

Para sentirte mejor has de aceptar lo que es, pues atraes lo que sientes en el ahora. Tu poder de atracción está solo en el ahora, así que si estás rechazando en este momento cómo te sientes, vas a atraer sobre todo emociones de vibración similar al rechazo. Además, cuando aceptas lo que sientes en el ahora, esa emoción se siente mejor. Cualquier emoción es mejor que el rechazo a sentirla. Por eso desde la aceptación, conseguirás armonizar cualquier emoción que estés sintiendo.

En este capítulo, aprenderás un ejercicio de aceptación radical que te ayudará a reconciliarte con cualquier pensamiento o emoción que aparezca dentro de ti. ¡Te va a encantar!

ACEPTACIÓN RADICAL: RECONCÍLIATE CON EL LUGAR DONDE ESTÁS

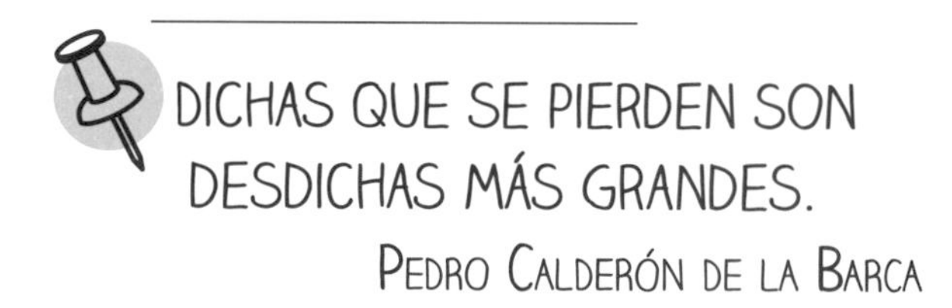

Las personas que se aceptan incondicionalmente tienen menores niveles de ansiedad y narcisismo, y mejores estados de ánimo tras la exposición a eventos negativos[95]. Se ha demostrado que es improductivo tratar de suprimir los pensamientos deprimentes o que producen ansiedad, ya que solo el hecho de intentarlo hace que se fortalezcan.

A esto se le llama «proceso irónico»[96]. En lugar de intentar cambiar esos pensamientos que no deseas, es más productivo primero aceptarlos, y te voy a proponer una estrategia para ayudarte a lograrlo.

La aceptación radical es una de las herramientas más poderosas que conozco para sentirte bien en este momento, sin importar lo que estés viviendo. Es un reseteo interno, una puesta a punto para comenzar a crear la vida dichosa que deseas, mientras haces las paces con el lugar donde estás.

Aceptar es dar por bueno, lo que implica en algunas ocasiones tomar una decisión. Tomar la decisión de que tu situación actual está bien es hacer un clic interno que te ayudará a cambiar tu percepción. No es algo que se pueda forzar; sin embargo, se pueden facilitar las condiciones adecuadas para que seas capaz de tomar esa nueva perspectiva.

No te asustes, que el hecho de dar por buenas algunas situaciones en tu vida no va a hacer que se queden para siempre, más bien todo lo contrario, te permitirá cambiarlas. Te resultará más fácil lograrlo llevando tu atención a «para qué» aceptas en lugar de mantenerte dándole vueltas a «por qué» rechazas. Y sentir las emociones que estos dos puntos de vista te generan te facilitará elegir tu preferencia. ¿Cuál de las dos te hace sentir mejor? ¿Aceptar o rechazar?

La aceptación radical es un concepto que aprendí de un autor estadounidense llamado Matt Kahn[97]. Se basa en el principio de que no podemos cambiar algo que no hemos aceptado radicalmente. Mientras rechacemos algo de nuestro presente, será muy difícil crear un futuro distinto. Cuando desaparezca la lucha, se despertará la aceptación y se creará el espacio necesario para el cambio.

El presente por definición (presente significa también «regalo»), sea como sea, es perfecto porque es la consecuencia de todo tu pasado. Además, es la semilla de tu futuro. Esa semilla ha de estar bien para que germine en el futuro que deseas. Y puede estar bien si así lo decides.

El concepto de «aceptación» por sí solo implica que hay algo que aceptar, un obstáculo que ha de ser superado, por eso no sería el objetivo ideal en el que centrarse. Así que acompañamos esta palabra con el apellido «radical», porque cuando aceptas radicalmente reconoces la perfección absoluta de lo que sientes en este momento, sea lo que sea. Cuando deseas cambiar algo en tu vida, este «algo» tiene que «estar bien» para que sea posible la transformación.

La aceptación radical consiste en reconocer que lo que sea que estás viviendo en este momento ¡está bien! Aunque no lo parezca, aunque quieras cambiarlo, aunque no te guste. Vas a decidir y reconocer que ¡está bien!

Párate un instante. Concéntrate en este preciso segundo. En lo que sucede ahora y en cómo te sientes. Vas a hacer un viaje por cada sensación, pensamiento, emoción y estímulo externo que observes para reconocer la perfección en él.

¿Estás listo? Y te estarás preguntando... «Muy bonito, sí, pero ¿cómo se hace?». ¡Sigue leyendo!

EJERCICIO

Vas a añadir «está bien» a cualquier cosa que sientas, pienses o vivas en este momento, y mientras lo haces (mentalmente o por escrito) vas a respirar profundamente.

Te muestro cómo lo haría yo ahora mismo:

«Está bien que no sepa lo que va a pasar de aquí a unos meses, la incertidumbre, que mi mente busque respuestas, que eso me genere tensión y nerviosismo, que no esté todo controlado, que mi respiración no sea tan profunda como me gustaría, que tenga tensión en la cabeza, que esté asustada. Está bien que mi guía interior me esté dando información, que esté siendo guiada, que mi vida sea una constante aventura, que no sepa el final de la historia... ¡Está bien!».

Y ahora es tu turno:

Está bien...

¡Está bien!

¿CÓMO SABER DÓNDE ESTÁS?

Desde que nacemos tenemos que aprender a interactuar con nuestro entorno para la supervivencia. Nuestro comportamiento siempre va en una de estas dos direcciones: a favor o en contra de la vida. Tenemos un sistema de interacción con lo que nos rodea que ha ido evolucionando en varios niveles.

El nivel más básico es el reflejo, que es una reacción automática e innata (no necesita aprendizaje). Este nivel es automático y las reacciones que se producen en él van más allá de nuestra consciencia. Por ejemplo, cuando algo se acerca a tus ojos y los cierras.

El siguiente es el estado anímico, que indica con claridad la dirección que ha tomado nuestro comportamiento. Se manifiesta en nuestro interior como malestar o bienestar.

Después está el instinto, que nace como fuerza, deseo o alivio de un malestar. Responde a las señales de nuestro cuerpo para que le ofrezcamos lo que necesita. La mayoría de los animales se mueven solo por el instinto, no pueden hacerlo de otra manera. Un ejemplo, cuando estás hambriento y tienes el instinto de comer.

Los seres humanos tenemos ese instinto, pero también la capacidad de elección entre seguirlo o no. La forma evolucionada del instinto es la emoción, que nos permite experimentar la realidad con mayor riqueza y matices. La emoción determina con gran precisión hasta qué punto nuestro comportamiento está yendo a favor de la vida o en su contra. La emoción siempre tiene respuesta en el cuerpo. Continuando con el ejemplo anterior: si tienes hambre y no sigues tu instinto sentirás frustración, y si lo haces, sentirás satisfacción.

La mente se encuentra en el siguiente escalón. Es capaz de crear imágenes e interpretar la realidad con mayor riqueza. Crea símbolos, relaciona conceptos, puede aplicar la lógica, etcétera. Tienes hambre y no te comes la tarta que te apetece porque quieres perder peso.

La consciencia individual aparece cuando nos damos cuenta de nosotros mismos, podemos contar nuestra historia y decidir. Dependiendo de la historia que contemos, vamos a producir unos efectos u otros en los niveles inferiores. De tal forma que el ser humano ya no se relaciona solo con el exterior, sino consigo mismo también. Tenemos que encontrar la manera de relacionarnos con nosotros mismos que vaya a favor de la vida. Contarnos historias que nos hagan sentir bien a nivel anímico, va a determinar en gran medida el éxito de nuestras acciones. Por ejemplo, aunque no te comas esa tarta, si la historia que te estás contando es: «Siempre intento perder peso y nunca lo consigo», te va a resultar más difícil mantener una alimentación saludable a largo plazo.

Los niveles inferiores son más sencillos, pero no por ello menos importantes. Nos dan una información muy clara de lo que está pasando. Los niveles superiores sirven para analizar (mente) y crear (consciencia).

Para saber dónde estás, vamos a hablar de emociones, pensamientos y vibración.

¿QUÉ SON LAS EMOCIONES?

Las emociones son impulsos nerviosos que mueven a la acción. Son estados mentales agradables o desagradables que se organizan en el sistema límbico de nuestro cerebro[98].

Las emociones desempeñan un papel central en la evolución de la conciencia y determinan en gran medida dónde se enfoca esta a lo largo de la vida. Las emociones son informativas y motivacionales[99]: por un lado nos dan información de lo que nos sucede en nuestro entorno y, por otro, nos ayudan a organizar y motivar acciones rápidas que son críticas para la supervivencia o bienestar en los desafíos inmediatos.

Tus emociones son tus indicadores de vibración interna. Indican dónde estás vibratoriamente en relación a tu máximo potencial. Hay emociones que te hacen sentir mejor, que te muestran que te estás acercando a tu potencial. Hay otras que te hacen sentir peor y te advierten de que te estás alejando de quien realmente eres.

Tu yo interior es tu máximo potencial, esa parte de tu ser que se mantiene orientada en la vibración pura y positiva. Es tu parte más poderosa, sabia, creativa y brillante, aquello que muchos llaman alma. Siempre estás conectado a tu yo interior, nunca puedes desconectarte. Lo que sí haces a veces es alejarte de su perspectiva pura y positiva. En ese momento emites una vibración baja y, por la diferencia con la vibración de tu ser, te sientes mal. Sin embargo, cuando te acercas a la perspectiva pura y positiva de tu yo interior, estás emitiendo una vibración más alineada, estás usando todo tu potencial y entonces te sientes bien. En ese momento tienes las mejores ideas, eres creativo para encontrar soluciones y sientes la confianza necesaria para llevarlas a cabo.

En el momento en que estamos inmersos en algo nuestra mente está totalmente enfocada, estamos alineados con todas las partes de nuestro ser, nos sentimos muy bien y entramos en estado de flujo. El concepto de flujo fue introducido por Csíkszentmihályi[100], quien lo describió como «una experiencia tan fascinante y placentera que vale la pena solo por sí misma». Cuando están en ese estado, las personas dicen sentirse envueltas, como si estuvieran en una realidad diferente, sin conciencia de sí mismas y sin un sentido del paso del tiempo.

Una afamada neurocientífica y farmacóloga con más de 250 estudios publicados, Candace B. Pert, en una charla[101] habló de cómo estamos programados para la dicha. Según Candace, tenemos vías principales de endorfinas que conducen desde la parte posterior del cerebro a la corteza frontal, donde están la mayoría de sus receptores. Las endorfinas son opiáceos que alivian el dolor y producen euforia cuando se unen a sus receptores, lo que mejora nuestro estado de ánimo en el nivel celular.

Por tanto, estás programado para la dicha, y puedes acercarte a ella. Tu sistema emocional es tu guía perfecta para acercarte a la perspectiva de tu yo interior y te indica con exactitud dónde te encuentras en relación a él. Porque esa es la relación más importante que tienes en tu vida y va a determinar cómo son tus circunstancias: cómo es tu situación económica, cómo es tu relación de pareja, cómo es tu situación laboral y cómo funcionan el resto de aspectos de tu vida:

Tienes una gran variedad de emociones. Cada emoción indica un distinto estado vibratorio y te muestra si estás alejándote o acercándote a tu yo interior.

Tus emociones son una magnífica fuente de energía y cuando te dejas llevar por la naturaleza de tu sistema emocional, estas se armonizan por sí solas. De la misma forma que un niño pasa del enfado a la alegría en cuestión de segundos, tú también puedes hacerlo cuando aprendes a utilizar tu sistema de guía emocional.

Tu sistema emocional es como una escalera mecánica. En cuanto reconoces y aceptas la emoción que sientes en este momento, te subes en esa escalera y, de forma automática, vas avanzando hacia las siguientes emociones más alineadas. La mayoría de los niños pequeños siguen este proceso. Por ejemplo, cuando tienen una rabieta, sienten esa emoción, la permiten y al instante siguiente pueden estar disfrutando, riéndose o jugando porque se han subido en la escalera mecánica de las emociones.

¿CÓMO SABER QUÉ EMOCIONES SON MÁS ALINEADAS?

El indicativo perfecto para comprobar si te has subido en la escalera mecánica o no es tu estado creciente de bienestar, pues con las emociones más alineadas uno siempre se siente mejor, ¡siempre! Si quieres saber si la alegría es más alineada que la satisfacción, solo tienes que conectar con ellas, sentirlas y ver cuál te hace sentir mayor bienestar.

Fácil, ¿verdad?

En caso de que no te quede claro, comparto contigo la escala emocional de Abraham-Hicks[102]. Es una escala que ordena las emociones del 1 al 22 para que descubras cuáles tienen un nivel vibratorio mayor que las demás. A continuación te voy a explicar cómo funciona.

La parte más alta de la escalera muestra las emociones que te acercan a quien realmente eres: ese ser poderoso, brillante y creativo. Por otro lado, en la parte más baja de la escalera se encuentran esas emociones que indican que te estás alejando de ese ser poderoso, brillante y creativo que realmente eres.

ESCALERA EMOCIONAL ABRAHAM-HICKS

1. Alegría
2. Pasión
3. Entusiasmo, ilusión, felicidad
4. Expectativas positivas
5. Optimismo
6. Esperanza
7. Satisfacción
8. Aburrimiento
9. Pesimismo
10. Frustración, imitación
11. Agobio
12. Decepción
13. Dudas
14. Inquietud
15. Culpabilidad
16. Desánimo
17. Ira
18. Venganza
19. Odio, rabia, enfado
20. Envidia, celos
21. Inseguridad, remordimiento y falta de autoestima
22. Temor, desconsuelo, depresión e impotencia

En la parte más alta de la escalera tenemos: *alegría, conocimiento, poder personal, libertad, amor* y *apreciación*. Estas son las emociones más alineadas, así es como tu yo interior se siente constantemente.

Por otro lado, en la parte más baja tenemos: *temor, desconsuelo, depresión, desesperación* e *impotencia*. Estas son las emociones que más te alejan de tu yo interior.

En los primeros puestos de la escala emocional están las emociones que más te acercan a tu yo interior porque así es como se siente tu yo interior el cien por cien del tiempo.

Es importante saber que no hay emociones malas porque todas tienen información para nosotros, por tanto todas son beneficiosas. Y de forma natural, cuando sentimos una emoción, avanzamos a la siguiente, como si nos subiéramos en esa escalera mecánica. Simplemente nos conectamos con la emoción, la sentimos, nos dejamos llevar por la escalera mecánica de las emociones y vamos subiendo poco a poco, sintiéndonos cada vez mejor.

A veces nos resistimos a esa evolución natural de las emociones y mantenemos pensamientos repetitivos y contradictorios que nos impiden mejorar. Por ejemplo: «Quiero sentirme mejor, pero todavía me siento mal; deseo esto, pero tengo aquello que no deseo». Solo tenemos que dejar de hacer eso para que nuestras emociones vuelvan a alinearse. En la metáfora de la escalera mecánica, cuando mantenemos patrones de pensamientos repetitivos y perjudiciales, sería como caminar en dirección contraria al movimiento de la escalera. Solo tenemos que dejar de caminar en dirección contraria y la escalera nos subirá de forma automática, lo que equivaldría a dejar ir el pensamiento y conectar con la emoción que este nos genera, sentirla, aceptarla y dejar que otras emociones más alineadas vayan surgiendo en nuestro interior.

¿Cómo sería esta subida? Imagínate que estuvieras en la parte más baja de la escala, en esa emoción de *temor, desconsuelo, depresión, desesperación* e *impotencia*; si te permites sentirla y aceptarla, enseguida te va a surgir un deseo de mejora, por lo que esa emoción se aligerará y se convertirá en *inseguridad*, incluso en *remordimiento* y *falta de autoestima*. Si te das cuenta de que la inseguridad te sienta mejor que la depresión, verás que es un avance que va adquiriendo velocidad.

¿Qué quiere decir esto? Pues que has dado un paso: el temor paraliza, la inseguridad por lo menos te hace temblar. El siguiente escalón serían los *celos*. Parece que es una emoción horrorosa, pero, en comparación con la depresión, es mucho más alineada. Cuando tienes celos, te estás comparando con otra persona porque tiene lo que tú quieres. Sin embargo, cuando estás deprimido, ni siquiera eres capaz de ver que alguien tiene aquello que tú anhelas.

Si continúas subiendo, te topas con la *rabia*, emoción que no tiene muy buena fama, pero que da mucho más poder que los celos y además te lleva a actuar (la rabia es muchas veces el motor del cambio); después viene la *venganza*, emoción que te permite buscar soluciones (aunque no sean las más acertadas); el *desánimo* es más ligero porque te hace descansar de la venganza; la *culpabilidad* te está mostrando que te hubiera gustado hacer las cosas de forma diferente, lo que indica una voluntad de mejoría; la *inquietud* es una emoción más ligera todavía; las *dudas* enseñan que una parte de ti está centrada en lo deseado y otra en lo no deseado; la *decepción* te está señalando que una mayor parte de ti se encamina hacia lo que sí quiere; el *agobio* destaca una mayor intensidad del deseo; la *frustración*, la *irritación* y la *impaciencia* indican todavía más intensidad del deseo y menor resistencia; y el *pesimismo* y el *aburrimiento* reflejan que estás a tan solo un paso de las emociones alineadas.

Llegamos a la *satisfacción,* que evidencia que en este momento tienes todo lo que necesitas. Hemos llegado a las emociones más alineadas y sobre ellas vamos a profundizar más en este libro.

Tras haber practicado la satisfacción, viene la *esperanza,* que, según la RAE es el «estado de ánimo que surge cuando lo que se desea se presenta como alcanzable»; cuando sientes esperanza con frecuencia, logras cierta seguridad y sientes *optimismo*. Cuando tienes la certeza de que sí van a mejorar las cosas, aparecen las *expectativas positivas*. Cuando estás seguro de que tu vida está avanzando y estás progresando, sientes *entusiasmo, ilusión* y *felicidad*. Ese deseo de crear te genera *pasión,* ya estás conectado casi plenamente con tu yo interior. En el primer escalón además tenemos *alegría, conocimiento, poder personal, libertad, amor* y *apreciación*.

Ahí has alcanzado tu máximo potencial vibratorio, te sientes tal y como se siente tu yo interior. En ese instante estás atrayendo lo que deseas en tu vida porque estás caminando de la mano de la fuente de energía pura y positiva. Esas emociones son la primera manifestación de tu alineamiento, y si te mantienes en ellas de forma estable, el resto de manifestaciones acudirán a ti. Sí o sí.

Te recomiendo que te tomes unos instantes para releer cada emoción y descubras cómo te sientes en este momento, en qué emociones te sueles mover más y cuáles son más comunes para ti y que las aceptes radicalmente.

Entonces ¿cómo te sientes en este momento?

¡Está bien sentirse así!

La de Abraham-Hicks no es la única escala que mide las emociones. Las escalas tempranas de la emoción fueron desarrolladas para usarse en psiquiatría clínica. Existe incluso un mapa llamado «Universo de emociones» creado por Eduard Punset, Rafael Bisquerra y PalauGea en el que se ordenan 307 emociones como si fueran estrellas en distintas galaxias y se detalla la relación que hay entre ellas. Puedes encontrarlo en www.universodeemociones.com.

Cada emoción te hace sentir mejor o peor dependiendo del nivel de DHEA y cortisol que tenga. La amígdala es un radar que escanea la realidad, y si hay algún peligro segrega cortisol, la hormona del estrés, que se extiende por el torrente sanguíneo y se encarga de luchar o huir de ese peligro. Las emociones provocadas por un exceso de cortisol son: ira, venganza, celos, miedo o agobio. Cuando no hay ningún peligro y te sientes bien, segregas DHEA, que produce emociones como: satisfacción, alegría, ilusión y pasión. Uno de los efectos de la DHEA es el antienvejecimiento, así que ya tienes otra razón para ponerte feliz.

Ahora que ya hemos visto la escala emocional y la aceptación radical, vamos a aumentar la sensibilidad emocional. Todas las emociones son beneficiosas porque nos están dando información valiosa de dónde estamos y si nos encontramos cerca o lejos de nuestra fuente. Si eres una persona sensible, como yo, estarás pensando: «Pero ¡yo no quiero ser más sensible!». Te entiendo y, por eso, la sensibilidad que vamos a desarrollar es la de las emociones más alineadas (desde la satisfacción hasta la alegría) porque son las que nos hacen sentir bien.

Una a una, vas a prestar atención a cada emoción. Estúdialas en profundidad para que sepas cómo se sienten y las actives de forma tan estable en tu interior que se conviertan en tus nuevos estados normales. Porque eres capaz de generar estados deseados en tu interior, empleando el enfoque necesario. Cuando desarrollas esta sensibilidad emocional, eres más preciso y deliberado en tus pensamientos, conversaciones y acciones. Y si practicas los ejercicios que te propongo a continuación, lograrás la maestría en esas emociones. A lo largo de los ejercicios seguiré contándote cosas interesantes sobre dónde estás.

La satisfacción, según la RAE, es la «confianza o seguridad del ánimo»; otra acepción es «cumplimiento del deseo o del gusto». Es una sensación interna de contentamiento que te sirve de puerta hacia la felicidad porque es el punto de inflexión entre las emociones alineadas y las menos alineadas. Por tanto es una emoción fácilmente alcanzable, y a medida que la practicas permitirás que su impulso crezca y puedas seguir subiendo por la escala emocional.

Primero haré yo el ejercicio; luego mostraré cómo nuestros participantes del curso *online* entrenan su sensibilidad emocional y, por último, te haré preguntas para que tú también puedas llevarlo a cabo.

Cómo siento yo la satisfacción:

«Para mí, la satisfacción se siente como calma interior, como un sentimiento de completitud que me agrada, me contenta y me da placer. Noto la satisfacción en mi estómago, como una sensación de plenitud que me da estabilidad y poder. Tiene forma de queso holandés: grande, redonda y suave. Cuando siento satisfacción, el mundo se para y mi mente se relaja porque sabe que le toca disfrutar de lo que ha conseguido. Me gusta la satisfacción porque me da energía y porque me ayuda a avanzar rápida y establemente hacia lo que deseo. Me agrada la satisfacción porque me genera la tranquilidad de los objetivos logrados. Me encanta la satisfacción porque me ayuda a quererme y a reconocerme a mí misma. Adoro saber que la satisfacción es mi nueva base sobre la que construir el resto de mi vida».

Cristina Malagón es una alumna a la que conozco y adoro desde hace muchos años y que participó en el curso *online Sé feliz ¡ya!* Al principio no se sentía muy segura haciendo los ejercicios, sin embargo continuó practicando de forma progresiva y empezó a notar los resultados en su nivel de felicidad. Cristina habla así de la satisfacción:

«La satisfacción se siente bonita, la noto como liviana, ligera, maravillosa. La siento suave pero firme, muy grande, y me llena por completo. ¿Dónde la siento? En todo mi ser, pues recorre cada recoveco que tiene mi interior, aunque el sitio donde más hace sentir su presencia es en el pecho. Tiene forma redondeada, sin aristas. Es suave y amable. Es amorfa, por lo que recorre todo mi cuerpo y se adapta a cada rincón que encuentra. Cuando me siento satisfecha es increíble, es como si ya no necesitara nada más. Me siento liviana, capaz y completa. Aumenta mi autoestima y mejora la percepción sobre lo que sucede a mi alrededor.

»Me gusta sentirme satisfecha porque tengo sensaciones muy dulces y porque me hace sentir segura y confiada. Abre mi mente hacia mis deseos y me permite que estos afloren para poder descubrirlos. Me aporta ilusión para acometer nuevas experiencias y para probar cosas nuevas. Me facilita el impulso que creo necesitar».

Recientemente Cristina me comentó que, cuando leyó el libro, no podía creerse que esto lo hubiera escrito ella: «Lo bueno es que cuando lo leo y releo me siento muy satisfecha y me vuelve a llenar por completo esta sensación. Es como si esa satisfacción que describo se expandiera en mi interior. Lo cual me indica que estoy más satisfecha de lo que creo y que la satisfacción de mi interior está deseando manifestarse de forma más permanente».

Y ahora es tu turno:

¿Qué es para ti la satisfacción? ¿Cómo se siente? ¿Dónde se siente? ¿Qué forma tiene? ¿Qué te pasa cuando la sientes? ¿Por qué te gusta la satisfacción?

Deja que las palabras fluyan sin juzgarlas demasiado porque el objetivo del ejercicio no es redactar un texto brillante, sino despertar tu conocimiento y apreciación por esta emoción.

Tus emociones son la consecuencia deseada de tus deseos, lo repito para que te llegue mejor: *tus emociones son la consecuencia deseada de tus deseos.* Esto quiere decir que son aquello que deseas realmente: no deseas el coche, una pareja o un trabajo, lo que deseas son las emociones que te van a generar. Deseas sentirte como te sentirás cuando consigas el coche, la pareja o el trabajo.

Seguramente dirás: «Pero ¡yo quiero un coche!». ¿Quieres realmente el coche? Lo que quieres es la experiencia de cuando tengas el coche: cómo te sentirás cuando te lo den o cuando conduzcas, la *ilusión* que tendrás al volante y enseñándoselo a tus amigos, la *libertad* de moverte libremente, la *comodidad* de viajar a la temperatura perfecta, etcétera. Podría ser que estuvieras igual de satisfecho si encontraras una pareja con un maravilloso coche que te lleve donde quieras, ¡aunque no tuvieras el tuyo propio!

Piensas que cuando tengas el coche serás feliz para siempre, pero no es así. En el momento en que tengas el coche, lo disfrutarás y lo normalizarás. Entonces aparecerá un nuevo deseo, por ejemplo, una plaza de garaje para guardarlo. Si revisas tu experiencia, te darás cuenta de cómo has ido consiguiendo uno a uno tus deseos y de cómo instantáneamente has ido generando otros nuevos.

Las emociones son aquello que deseas en última instancia y además son la forma más sencilla de conseguir la manifestación de aquello que deseas. Sí, has oído bien, la forma más sencilla de lograr lo que deseas es sintiéndote como lo harás cuando consigas lo que deseas. ¡Y eso lo puedes lograr ya!

Ya he comentado anteriormente que todo lo que deseas, lo deseas porque piensas que te sentirás mejor cuando lo logres: te sentirás más feliz, más seguro, más tranquilo, etcétera. Puedes darle la vuelta a esta fórmula y entrenar tu felicidad sintética, porque está demostrado[22] que son las emociones positivas las que te traerán el éxito que deseas. Y el coche, entonces, aparece.

Por eso, seguimos con nuestro ejercicio para entrenar la sensibilidad emocional de nuestras emociones deseadas. Ahora es el turno de la esperanza.

Según la RAE, la esperanza es el «estado del ánimo en el cual se nos presenta como posible lo que deseamos». Pasamos de la satisfacción como un estado de sencillo contentamiento, a la posibilidad de lograr aquello que deseamos. La esperanza es una emoción que indica que tus expectativas se encuentran cerca de lo que deseas; en otras palabras, cuando esperas lo que deseas.

Como hemos hecho antes, primero haré yo el ejercicio; luego compartiré contigo lo que siente una de mis estudiantes y después te haré preguntas para que entrenes tú.

«Para mí, la esperanza es la ilusión de mejora y la perspectiva de prosperar. Es una dulce sensación burbujeante en el centro de mi pecho que revolotea hacia mi garganta y me hace sonreír. Me encanta sentir esperanza porque me da ligereza, porque me demuestra que hay nuevas posibilidades, abre puertas en mi mente a nuevos mundos y me da ilusión, confianza y paz. Me gusta la esperanza porque se siente viva, chispeante y expansiva. ¡Adoro sentir la esperanza de que mis sueños están de camino!».

Ahora te presento a Carolina Abete. Ella es una de mis alumnas más aplicadas, tanto que me acompañó todos los días en mi reto de los 100 días felices, compartiendo los motivos que encontraba cada día para ser feliz. Carolina tiene una frase que compartió el día 100 y que ya he hecho mía: «Este reto me ha ayudado a sacar lo mejor de lo mejor y lo mejor de lo peor». Si quieres unirte al reto, puedes hacerlo en mi blog: www.aliciacarrasco.com.

Esto es lo que nos cuenta Carolina Abete sobre la esperanza:

«Siento la esperanza como confianza, tranquilidad y seguridad de que todo va a ir mejor... Soy consciente de que si soy capaz de mantenerme en una vibración de esperanza y pienso que todo va a salir bien, que todo está ocurriendo para que yo sea más feliz, que todo ya está fluyendo hacia mí y que puedo estar tranquila y esperanzada, entonces ¡todo irá bien!

»Si me siento esperanzada estoy mejor, más ilusionada, más alegre, más positiva, porque sin esperanza no puedo estar contenta. Siento la esperanza dentro de mí, siento que cuando pienso en que todo saldrá mejor, me consuelo, me abrazo y si me digo: "todo está bien", todo estará mejor. Cuando siento esperanza, veo que estoy en un camino más llano y estoy más plena. La noto en mis manos y en mis brazos y me calma abrazándome. Tiene forma alargada y fina. Espero sentir más y más esperanza, y que todos la tengamos fuerte y nos ayude mucho. ¡Gracias!».

Y ahora es tu turno:

¿Qué es para ti la esperanza? ¿Cómo se siente? ¿Dónde se siente? ¿Qué forma tiene? ¿Qué te pasa cuando la sientes? ¿Por qué te gusta la esperanza?

Deja que las palabras fluyan sin juzgarlas demasiado porque el objetivo del ejercicio no es redactar un texto brillante, sino despertar tu conocimiento y apreciación por esta emoción.

¿QUÉ SON LOS PENSAMIENTOS?

John Milton escribió en *El paraíso perdido:* «La Mente es su propio lugar, y en sí misma puede hacer un cielo del infierno, un infierno del cielo». Pensar[103] es un proceso mental que permite a los seres modelar el mundo, y así tratar con él de manera efectiva de acuerdo con sus objetivos, planes, fines y deseos.

Según la RAE, pensamiento es la «facultad o capacidad de pensar», y pensar es el acto de «formar o combinar ideas o juicios en la mente». Desde el punto de vista vibratorio, cuando pensamos podemos hacerlo de forma activa o pasiva. El pensamiento pasivo interpreta la vibración ya existente, es decir, traducimos la vibración que percibimos en forma de pensamientos. Entonces analizamos la vibración que existe ahí donde está nuestro enfoque, sin dirigirlo conscientemente. Si en este momento te digo: «Deja de leer y presta atención al siguiente pensamiento que aparezca en tu mente», ese pensamiento pasivo será una interpretación de tu vibración actual.

En cambio, el pensamiento activo crea nuevas ideas. Viene de una toma de decisión consciente sobre dónde deseas dirigir tu enfoque. Esta forma de pensamiento no es la más frecuente, pero siempre tenemos acceso a ella. Si en este momento te digo: «Piensa en un deseo que te haga feliz», eso será un pensamiento activo y, como consecuencia, creativo porque te llevará de tu realidad actual hacia un nuevo estado determinado por el nuevo foco donde has puesto tu atención.

De esta manera, se activa un nuevo ciclo de pensamiento, emoción y vibración: el pensamiento genera una emoción y esa emoción tiene cierta vibración que va a traer pensamientos y emociones del mismo tipo. Por ejemplo, si yo pienso en mis vacaciones, me va a generar una emoción agradable que va a provocar una vibración alineada y que va a hacer que atraiga más pensamientos y emociones de esa misma vibración. Si mantengo este impulso de pensamiento durante un tiempo, acabaré encontrando una acción inspirada. Una acción inspirada es un impulso de actuar que está generado por la activación de la intención[85], lo que está provocado por mantener el foco en una emoción y un pensamiento dirigidos hacia lo deseado. Estas acciones inspiradas te ayudarán a modificar tu realidad, porque las realizas usando todo tu potencial. Imagina la de acciones inspiradas que vas a encontrar después de entrenar tus pensamientos con los ejercicios de este libro.

Y ahora vamos a generar pensamientos optimistas activos, ¿te apetece?

EJERCICIO
OPTIMISMO

Según la RAE, optimismo es la «propensión a ver y juzgar las cosas en su aspecto más favorable». Porque todo tiene un aspecto más favorable y otro menos favorable. Tú eliges la opinión que tienes de cada cosa, y ya que la decides tú, lo más inteligente es que sea la más favorable, ¿verdad? No quiero decir que todo te parezca bien, sino que busques siempre la parte más beneficiosa de las situaciones que te encuentres. O, como dice nuestra amiga Carolina, «sacar lo mejor de lo mejor y lo mejor de lo peor».

Seguimos la línea de las emociones anteriores: primero yo hago el ejercicio; luego uno de mis alumnos y, finalmente, será tu turno de entrenarte.

«Para mí, el optimismo es parecido a la esperanza, pero con más fuerza, estabilidad y poder. El optimismo se siente como un chorro de luz y de vida en mi pecho y se extiende hacia delante, iluminando y vitalizando todo lo que toca. Cuando siento optimismo, todo es posible y se me ocurren mil posibilidades que sé que en algún momento se harán realidad. Me encanta el optimismo porque me hace confiar, porque me hace mirar una vida llena de posibilidades, porque me siento invencible y ¡porque el optimismo es mi naturaleza!».

Teresa Cano es una persona naturalmente optimista, feliz y sonriente, que se cuida yendo cada semana a su clase de yoga (fue alumna mía varios años) y le encanta viajar a lugares exóticos. Su gran vitalidad le ayudó a sacar lo mejor de cada ejercicio en el curso.

Aquí os dejo lo que Teresa Cano nos cuenta sobre el optimismo:

«El optimismo lo siento en el corazón porque late con más energía, sube a la cabeza y se nota en la cara. Me deja los rasgos mucho más relajados y una sonrisa. Lo noto en los ojos y me da una energía con la que nada me da pereza, lo abordo todo con más fuerza porque tengo la certeza de que todo saldrá bien, de que todo lo que me viene tiene que ser bueno porque me lo merezco y haré lo que sea para que eso sea así. De esta forma he comenzado hoy mi día imparable, con muy buen humor, ¡y con ganas de compartirlo!».

Y ahora es tu turno:

¿Qué es para ti el optimismo? ¿Cómo se siente? ¿Dónde se siente? ¿Qué forma tiene? ¿Qué te pasa cuando lo sientes? ¿Por qué te gusta el optimismo?

Recuerda dejar que las palabras fluyan sin juzgarlas demasiado porque el objetivo del ejercicio no es redactar un texto brillante, sino despertar tu conocimiento y apreciación por esta emoción.

Tú tienes la capacidad de decidir en qué piensas en cada momento, solo tú. Esa es la libertad última que posee el ser humano. Gozas de la libertad de pensar en aquello que quieras y desde la perspectiva que elijas.

En lugar de dividir los pensamientos en positivos y negativos, es más sencillo elegir la emoción que deseas experimentar y ver si tus pensamientos encajan o no con ese estado emocional.

No hay pensamientos negativos *per se*, serán beneficiosos o perjudiciales dependiendo de dónde estés en la escala emocional. Por ejemplo, un pensamiento de venganza puede ser positivo para una persona que está en un estado de depresión porque le va a dar energía para salir de ese estado. Por el contrario, para una persona que está en un estado de satisfacción y alegría, un pensamiento de venganza va a ser perjudicial porque baja en la escala emocional. Entonces, la mejor forma de elegir tus pensamientos es decidir la emoción que deseas experimentar y desde ahí elegir los pensamientos más alineados con esa emoción.

Por ejemplo, si estoy frustrada y quiero sentirme satisfecha, voy a acercar mis pensamientos hacia la satisfacción. Esto lo lograré estudiando si esos pensamientos me hacen sentir satisfecha: «Ahora estoy tranquila y tengo todo lo que necesito» me hace sentir satisfecha; «Estoy harta de esta situación» me hace sentir frustrada; «Esta situación no durará siempre» me hace sentir algo más satisfecha; «Puedo mejorar pasito a pasito» me hace sentir mucho mejor, así que esta es la dirección que me conviene tomar.

Ahora vamos a continuar entrenando nuestra sensibilidad emocional con las expectativas positivas.

EJERCICIO

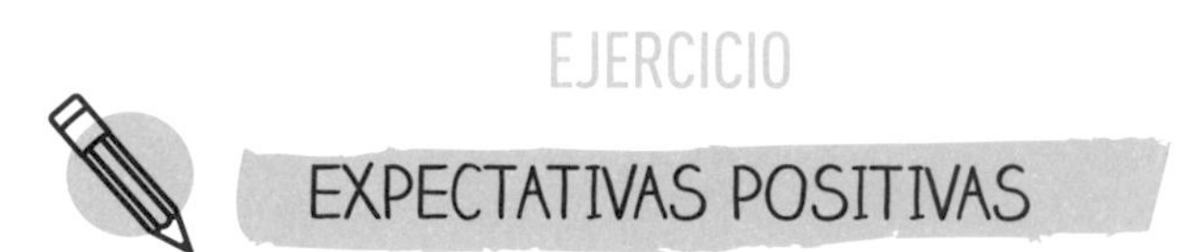

EXPECTATIVAS POSITIVAS

La expectativa positiva, de acuerdo con la RAE, sería la «posibilidad razonable de que algo positivo suceda». Lo que nos indica que seguimos avanzando en el camino de esperar aquello que deseamos, y nos hace sentir mejor.

Como de costumbre, primero haré yo el ejercicio; luego una alumna compartirá su texto y después te haré preguntas para que entrenes tú.

«Para mí, las expectativas positivas son la seguridad de que el optimismo no es un estado temporal, sino una realidad permanente. Son la certeza de que las cosas siempre funcionan para mí, incluso cuando no lo parece, porque así lo elijo. Yo siento las expectativas positivas en el centro de la frente, como una puerta que se abre y deja salir toda la claridad de mi interior. Cuando siento expectativas positivas todo mi cuerpo se llena de ilusión, como en la celebración de mi cumpleaños cuando era niña. Me encantan las expectativas positivas porque me recuerdan la perspectiva de la fuente, porque me muestran con seguridad que merezco lo mejor en mi vida y eso es lo que voy a vivir más y más».

Nuestra alumna Marta Sánchez, quien al hacer el curso se encontraba en un momento de gran transformación, nos cuenta esto sobre las expectativas positivas:

«Las expectativas positivas me hacen sentir segura, ilusionada y optimista. Me sacan ese brillo en los ojos que te provoca la ilusión, la llegada de algo nuevo. Me siento como una mariposa que empieza su metamorfosis, su transformación, su viaje entre dos mundos, y atraviesa fronteras con valentía y confianza, atraída hacia lo luminoso, hacia un renacer, hacia la libertad».

Y ahora es tu turno:

¿Qué son para ti las expectativas positivas? ¿Cómo se sienten? ¿Dónde se sienten? ¿Qué forma tienen? ¿Qué te pasa cuando las sientes? ¿Por qué te gustan las expectativas positivas?

Deja que las palabras fluyan sin juzgarlas demasiado porque el objetivo del ejercicio no es redactar un texto brillante, sino despertar tu conocimiento y apreciación por esta emoción.

¿QUÉ ES LA VIBRACIÓN?

La vibración es la esencia de nuestro universo. Todo lo que existe tiene vibración. Nuestro mundo físico está formado por átomos, y cada átomo está compuesto por un núcleo y uno o más electrones en vibración. Si representamos el núcleo del átomo como una pelota de baloncesto, el electrón estaría girando 30 kilómetros a la redonda. El espacio entre el electrón y el núcleo sería vacío. ¡El átomo es un 99,999 por ciento vacío! Así que nuestro planeta, que está compuesto por átomos, también es en su mayor parte vacío, pero nos da la sensación de que es sólido por esta vibración de las partículas que conforman los átomos y el vacío entre ellas[55]. Todo es vibración, y la diferencia entre unos elementos y otros es el nivel de vibración de sus partículas.

Y ¿cómo eres capaz de sostener este libro si ambos estáis hechos en un 99,999 por ciento de vacío? Porque la forma en la que interactúan los átomos es eléctrica, no la gravitatoria que rige el movimiento de los planetas. Los átomos sienten fuerzas repulsivas entre nubes de electrones de átomos cercanos. La nube de electrones de los átomos de tus dedos choca con la de los átomos del libro y se repelen, pero nunca llegan a tocarse. Sorprendente para nuestros sentidos, ¿verdad?

Los sentidos (oído, olfato, gusto, vista y tacto) son nuestros intérpretes de esa vibración. Y esta interpretación de la vibración está filtrada, además, por nuestras emociones y deseos. Es un estudio realizado por David Dunning, de la Universidad Cornell [104], tras realizar una serie de experimentos destinados a saber si aquello que deseamos puede hacer que veamos unas cosas u otras, demostró que nuestro cerebro nos engaña en cierta medida en las percepciones visuales. Los participantes ante una figura ambigua, que podía verse como una letra B o como el número 13, elegían ver aquella que deseaban. Es decir, que por un lado estaría la realidad vibratoria y por otro la representación que nos hacemos de la realidad y que depende, entre otros factores, de nuestros deseos.

Nuestras emociones también son intérpretes de la vibración, pero de la vibración interna, la que hay en nuestro cuerpo. Las emociones más alineadas corresponden a una vibración alta en nuestro interior y las emociones menos alineadas corresponden a una vibración baja. Así que vamos a entrenar la vibración alta, alineada con el entusiasmo, la ilusión y la felicidad.

EJERCICIO

ENTUSIASMO / ILUSIÓN / FELICIDAD

Según la RAE, el entusiasmo es la «exaltación y fogosidad del ánimo, excitado por algo que lo admire o cautive»; la ilusión es la «esperanza cuyo cumplimiento parece especialmente atractivo» y la felicidad es el «estado de grata satisfacción espiritual y física». ¿Notas los efectos de esta subida en la escala emocional?

Como siempre, primero haré yo el ejercicio; luego una alumna compartirá su texto y después te haré preguntas para que entrenes tú.

«Para mí, entusiasmo, ilusión y felicidad son el motor de mi vida, son la fuerza que impulsa todo lo que hago. Se sienten como una brisa de aire fresco, combinada con una chispa luminosa que sale del centro de mi pecho. Tienen una forma dinámica, cambiante y viva que se va adaptando a cada momento. Cuando siento ilusión, entusiasmo y felicidad, todo el mundo se para, mi mente se centra en el presente y disfruto de cada respiración, de cada cosa que me rodea, de cada pensamiento y sensación física. Me encanta sentir estas emociones porque me impulsan a conseguir lo que deseo fácilmente. Me gustan porque se contagian y yo me contagio con ellas. Me encanta que la felicidad sea mi estado natural y cuando aprendo a regarla, ¡crece por todos los rincones!».

Esther Pérez es la alumna más participativa en el grupo, además de ser la primera en comprar la versión autoeditada de mi libro (lo tuvo entre sus manos incluso antes que yo). Esther ha aprendido las bases de *Sé feliz ¡ya!* y las sigue practicando día a día, contagiando de felicidad a los seguidores de su centro de masaje en las redes (entre los que me incluyo). Ahora mira lo que nos dice Esther Pérez sobre el entusiasmo:

«Para mí, el entusiasmo, la ilusión y la felicidad lo primero que me llevan a pensar es en la noche de Reyes: esa ilusión, ese no saber qué va a pasar, esa felicidad que notamos cuando vemos que nos traen lo que hemos pedido y esa alegría que nos lleva a un estado de gratitud con todo lo que pasa a nuestro alrededor.

»Para mí, el entusiasmo son esas ganas de despertar cada día y ver cómo todo lo que vamos pensando, lo que vamos soñando, lo que vamos creando se va formando y nos llena de felicidad y de ilusión para que cada jornada sea mejor porque todo el esfuerzo tiene su recompensa. Para mí, la sensación de emoción que me produce la ilusión y la felicidad es un gran hormigueo en el estómago y por la espalda que me da una alegría inmensa».

Y ahora es tu turno:

¿Qué son para ti el entusiasmo, la ilusión y la felicidad? ¿Cómo se sienten? ¿Dónde se sienten? ¿Qué forma tienen? ¿Qué te pasa cuando los sientes? ¿Por qué te gustan el entusiasmo, la ilusión y la felicidad?

Recuerda dejar que las palabras fluyan sin juzgarlas demasiado porque el objetivo del ejercicio no es redactar un texto brillante, sino despertar tu conocimiento y apreciación por esta emoción.

A nivel vibratorio, tenemos un poder de atracción instantáneo. En el momento que activamos una vibración, aparece otra del mismo nivel. A medida que el impulso de esa vibración crece, percibimos también emociones y pensamientos alineados con esa vibración. La emoción es la primera manifestación y es instantánea. Una vez que tenemos esa emoción, aparece un pensamiento alineado, que atrae otra emoción y otro pensamiento. Y así sucesivamente. Además, cuando mantenemos esa vibración en el tiempo, también atraemos las manifestaciones tangibles. Esto sucede cuando permitimos que ese impulso de la vibración crezca; cuando le prestamos atención durante un tiempo prolongado a lo mismo, eso se manifiesta. Por ejemplo, si yo le presto atención a algo deseado durante el tiempo suficiente, más pensamientos de ese tipo vendrán, generarán emociones del mismo nivel que inspirarán acciones y al final la manifestación física se producirá.

Así que como estamos en el capítulo de «dónde estás», prestar atención a las emociones, los pensamientos y la vibración que estás emitiendo en este momento te ayudará a avanzar a un estado más deseado. Y entrenar la pasión te traerá más pensamientos, sensaciones, emociones y manifestaciones alineadas.

EJERCICIO

PASIÓN

Según la RAE, la pasión es el «apetito de algo o afición vehemente a ello». Es esa inclinación ferviente que tenemos hacia ciertas cosas y que nos hace ser capaces de lograr hazañas, como vemos en deportistas, músicos, bailarines, etcétera. Puede ser que todavía no hayas descubierto tu pasión o que la conozcas pero no puedas practicarla tan a menudo como te gustaría. Lo que sí puedes despertar ahora es la emoción de la pasión con el siguiente ejercicio.

Como siempre, primero lo haré yo; luego una alumna compartirá su texto y después te haré preguntas para que entrenes tú.

«Para mí, la pasión es esa fuerza imparable que me permite actuar sin esfuerzo. La pasión es lo que sucede cuando mi yo interior y yo estamos haciendo algo juntos, y no hay quien nos pare. La siento como un fuego en la zona de mis caderas que calienta, da vida a mis piernas y a mi vientre, subiendo hacia mis brazos. Me dan ganas de bailar, de reír y de volar. Me encanta la pasión porque me da fuerza y energía, porque me conecta conmigo misma, porque es enormemente creativa y productiva».

Rebeca Castro es una alumna de la Escuela de Felicidad que tiene una gran creatividad y pasión, y que logró enfocar al practicar los ejercicios.

Para Rebeca Castro la pasión es:

«Una fuerza motriz enorme y con una potencia desbordada. Un tsunami interior que te lleva a ver la vida de una manera mucho más positiva. Es la suma de ilusión, alegría y entusiasmo al más alto nivel. Con pasión sientes que vibras muy alto y que el amor mana por todos tus poros en cada acción e incluso en la no acción. Te sientes liviana, agradecida, contenta por hacer y por no hacer. Si bien a mí me hace moverme, crear, reír, soñar y bailar más. Con pasión reafirmo más el sentimiento de seguridad y determinación. Me conecta con las ganas de todo, de vivir, de crear, de aprender, de viajar, de reír, de relacionarme. Digamos que es el mejor combustible para nuestra conexión tanto interna como externa».

Y ahora es tu turno:

¿Qué es para ti la pasión? ¿Cómo se siente? ¿Dónde se siente? ¿Qué forma tiene? ¿Qué te pasa cuando la sientes? ¿Por qué te gusta la pasión?

Deja que las palabras fluyan sin juzgarlas demasiado porque el objetivo del ejercicio no es redactar un texto brillante, sino despertar tu conocimiento y apreciación por esta emoción.

Hay una frecuencia de la vibración que te acerca a tu fuente y, por consiguiente, a la claridad, la alegría y al poder personal. Cuando te encuentras en la misma frecuencia vibratoria de tu fuente, te sientes feliz porque estás alineado con quien realmente eres. Tu yo interior es la parte más amplia de ti, así que cuando rechazas o criticas algo, te estás alejando de la mayor parte de tu ser y eso hace que te sientas mal. Tu yo interior nunca critica, así que esa disonancia con la mayor parte de ti es la que hace que te sientas mal. Además, desde esa crítica va a ser difícil cambiar lo que no te gusta del exterior. Es mucho más sencillo y beneficioso cambiar la vibración interna que las circunstancias externas.

La forma más sencilla de activar esa vibración más alineada es la apreciación, porque cuando aprecias, estás dirigiendo toda tu atención a lo deseado. Y eso es lo que hace tu yo interior todo el tiempo. Por eso cuando aprecias te sientes tan bien, porque estás de acuerdo con la parte más poderosa de tu ser y desaparece la lucha en tu interior.

Esto también sucede cuando amas. Sin embargo, el concepto de amor tiene algunas connotaciones culturales asociadas. Por eso es más sencillo lograr alineación con tu yo interior a través de la apreciación de cosas sencillas. Seguiremos profundizando sobre este tema en el próximo capítulo.

EJERCICIO

ALEGRÍA / AMOR / APRECIACIÓN

Hemos llegado a la parte más alta de la escala emocional, donde se encuentran las emociones de alegría, amor y apreciación. Estas son las definiciones que da la RAE de ellas: la alegría es el «sentimiento grato y vivo que suele manifestarse con signos exteriores»; el amor es el «sentimiento de afecto, inclinación y entrega a alguien o algo» y la apreciación es el «acto de reconocer y estimar el mérito de alguien o de algo». A mí este me parece el lugar perfecto en el que vivir, ¿y a ti?
Como siempre, primero haré yo el ejercicio; luego una alumna compartirá su texto y después te haré preguntas para que entrenes tú.

«Para mí, la alegría, el amor y la apreciación constituyen el clímax de las emociones. Representan el punto más álgido en mi conexión con mi yo interior. Son energéticas y relajadas a la vez. Se sienten como una suave claridad que integra la fuerza y la calma. Las siento en todo el cuerpo, son muy ligeras y poderosas a la vez. Cuando las siento, sé que he llegado a casa y que ese hogar siempre ha estado dentro de mí. Me encanta sentir alegría, amor, poder personal y apreciación porque liberan mi ser, me permiten ser quien realmente soy y me dan la seguridad de que solo tengo que ser yo misma, no hay nada más que tenga que ser».

María Sanz es una alumna curiosa con un deseo grande de aprender, ha experimentado en su interior los efectos de entrenar su mente en la felicidad y se ha convencido del poder que tiene su imaginación cuando la usa con el foco adecuado. María nos cuenta esto sobre la alegría y el amor:

«El amor y la alegría son una deliciosa energía expansiva y explosiva. Se sienten como una risa a punto de estallar. Noto el amor en mi estómago y se expande hacia mi corazón. El amor es como una explosión que busca compartirse, expresándose en la mirada, la sonrisa y las manos, provocando que los dedos se entrelacen unos con otros.

El amor tiene música y melodía y también deliciosos olores, colores y sabores. El amor es inmensamente sensorial, es una energía brutal y arrolladora. Puede con todo. El amor mueve montañas. El amor mueve mi mundo. Con él, sé que todo está bien».

Ahora es tu turno:

¿Qué son para ti la alegría, el poder personal, el amor y la apreciación? ¿Cómo se sienten? ¿Dónde se sienten? ¿Qué forma tienen? ¿Qué te pasa cuando las sientes? ¿Por qué te gustan la alegría, el poder personal y la apreciación?

Deja que las palabras fluyan sin juzgarlas demasiado porque el objetivo del ejercicio no es redactar un texto brillante, sino despertar tu conocimiento y apreciación por esta emoción.

Ya has llegado a la parte más alta de la escala emocional si has practicado las herramientas te encuentras en una situación estable y feliz para enfocarte en tus deseos. Según Barbara Fredrickson, profesora de Psicología de la Universidad de Carolina del Norte[66 y 105], estarías en una situación ideal para «ampliar y construir». En otras palabras, porque todo va bien, los individuos pueden expandir sus recursos y amistades; pueden aprovechar la oportunidad para desarrollar su repertorio de habilidades para un uso futuro; o pueden descansar y relajarse para reconstruir su energía. Por eso te sugiero que aproveches este momento en el que estás estable en emociones positivas, sin un peligro inmediato, para buscar nuevos objetivos. Exactamente lo que vamos a hacer en el siguiente capítulo.

«La vida es muy simple, pero insisten en que sea complicada».

Confucio

6

¿DÓNDE QUIERES ESTAR?

Bienvenido a este capítulo en el que hablaremos de dónde quieres estar. Espero que estés disfrutando mucho el libro, y recuerda que estoy a tu disposición en el grupo de Facebook de Gente Feliz ¡ya! por si tienes alguna duda o experiencia que te gustaría compartir.

En estas páginas aprenderás acerca del contraste y su naturaleza. Descubrirás por qué va a existir siempre y cuál es la mejor forma de vivirlo, e incluso cuál es su magnífica utilidad. También encontrarás el truco para transformar aquello que no deseas en lo que sí deseas; cómo asegurarte de que lo que deseas es tu verdadera aspiración y qué sucede cuando deseas algo y lo recibes sin estar preparado. Además, descubrirás el camino más rápido hacia tus deseos.

¿QUÉ ES EL CONTRASTE?

El contraste es la base de nuestro universo. En todo lo que existe, siempre aparece la esencia de lo deseado y la esencia de lo no deseado. Cada aspecto de tu vida tiene una parte deseada y otra que no lo es. Incluso si estás muy feliz con tu pareja, en tu relación siempre va a ver algo que no te guste. Hasta el trabajo de tus sueños tiene una parte deseada y otra que no lo es.

El contraste es, pues, la tensión emocional que sientes cuando estás alejándote de la visión armoniosa y positiva que tiene tu yo interior. Porque tu yo interior siempre se orienta hacia lo deseado de cada aspecto de tu vida. Por ejemplo, si yo pienso ahora que no sirvo para nada, siento tristeza y confusión por el contraste con la perspectiva de mi yo interior, que sabe que soy un ser lleno de talento que está siguiendo su propósito. La diferencia entre mi perspectiva física y la de mi yo interior me genera una tensión que se manifiesta en forma de tristeza y confusión.

Cuando te sientes mal no es porque haya algo malo en ti o porque estés haciendo las cosas mal, es simplemente porque estás viendo tu realidad de una forma distinta a como la ve tu fuente. Y tus emociones te están indicando que lo que estás pensando no es verdad para la mayor parte de ti.

Lo deseado es lo que es verdad para tu yo interior y por eso te hace sentir bien cuando le prestas atención. Si yo digo: «Es muy importante para mí ser feliz», ese pensamiento me hace sentir bien porque se dirige a lo que deseo, lo que quiere decir que es verdad para la mayor parte de mi ser, que es mi yo interior. En cambio, cuando experimentas una situación no deseada, no te sientes bien porque la perspectiva que estás tomando no está alineada con tu yo interior. Es decir, estás en desacuerdo con la mayor parte de tu ser.

La parte beneficiosa de lo no deseado es que es el motor de expansión hacia lo deseado. Lo repito otra vez porque esto es importante: *lo no deseado es el motor de expansión hacia lo deseado*. Siempre que experimentas lo que no deseas, te va a impulsar hacia lo que sí deseas. Esta dualidad «deseado/no deseado» es la responsable de que el universo se expanda.

Hace ochocientos mil años el *Homo erectus* experimentaba frío, lo que despertó un deseo de tener algo con lo que calentarse. Ese contraste creó una grandísima expansión y sus efectos llegan hasta hoy. Ese contraste hizo descubrir al *Homo erectus* que era capaz de crear fuego para calentarse y cocinar los alimentos. Cada experiencia no deseada que ha experimentado algún ser humano en el planeta ha generado la expansión que ha beneficiado al resto de la humanidad.

Por eso el contraste nunca puede desaparecer, porque es el motor de expansión del universo. Este contraste entre lo deseado y lo no deseado es el que hace que el universo evolucione. Por naturaleza, el individuo siempre va a perseguir lo deseado y por ello también recibirá los beneficios de la expansión (él o las personas que vengan tras él).

¿CUÁL ES LA MEJOR FORMA DE VIVIR ESTE CONTRASTE?

Dado que siempre va a existir eso que deseamos y eso que no deseamos en cualquier aspecto de nuestra vida, salud, pareja, trabajo, finanzas, etcétera, aprendamos a vivir este contraste de la forma más armoniosa. ¿Y cuál sería la forma más armoniosa? Pues dado que todo lo que existe tiene esas dos caras, lo deseado y lo no deseado, lo mejor que puedes hacer es prestarle el cien por cien de tu atención a lo que sí deseas. Centrarte en la cara de la realidad que más te gusta. Puedes prestarle toda tu atención a lo que aprecias de tu trabajo, a lo que adoras de tu pareja, a lo que te gusta de tu casa, etcétera.

¿Qué es lo que vas a lograr centrándote en lo que deseas? Lograrás activar la vibración de lo deseado en tu interior, lo que te hará sentir bien y encontrar más de lo que deseas, y además te permitirá ver todas las oportunidades que se te presenten. La Ley de Atracción provocará que atraigas más situaciones, relaciones y cosas de la misma vibración, es decir, que vas a atraer más cosas que deseas.

Un buen ejemplo de esto es mi estrategia para gestionar el contraste en los atascos. Viviendo en Madrid, rara vez me encontraba un atasco, pero cuando lo hacía lo convertía en un gimnasio para mi vibración, porque podía ver el efecto de mis pensamientos en mis emociones y en la carretera casi al instante, así que podía probar distintas formas de gestionar mi vibración. Cuando me sentía tensa porque estaba atascada, centraba mi atención en el carril contrario, en el movimiento fluido de los coches. En otros momentos me enfocaba en el espacio entre mi coche y el de enfrente, imaginando que ese espacio se hacía cada vez más amplio. En otras ocasiones me imaginaba llegando de forma fluida a mi destino. Así, sin darme cuenta, el atasco se había disuelto. Y lo más importante, me había divertido en el camino. A veces uso estas estrategias cuando me enfrento a mayores desafíos, ¡y también me funcionan!

Cuando consigues ser maestro en algún aspecto de tu vida (en el trabajo, las relaciones, la parte económica, la salud, etcétera), es porque has conseguido dirigirte hacia lo que deseas, y lo que no deseas no es que no exista, sino que simplemente no ocupa tu atención. Piénsalo, ¿cómo consigues el éxito en esa área en la que te resulta más fácil?

Una buena forma de entrenar tu orientación hacia lo deseado es hacer una lista de las cosas que te rodean y te gustan.

EJERCICIO

CASCADA DE APRECIACIÓN

«A mí me encanta ver a mi gata tumbada a mi lado, me gusta la comodidad de mi sofá y lo luminosa que es mi casa. Disfruto con mis plantas y los colores de mis paredes. Me gusta que mi casa sea una manifestación física de mi personalidad, y que mejore a medida que aprendo a quererme más. Me encanta la energía que hay en mi casa, lo tranquila y segura que me siento en ella; tener un espacio maravilloso para mí donde puedo relajarme y trabajar; es una casa sencilla con paredes limpias y luminosas y mis muebles de madera oscura me recuerdan todas las historias que he vivido con ellos y me gusta imaginarme todas las historias que viviré».

Ahora es tu turno:

¿Qué te gusta de lo que te rodea ahora mismo?

Deja que tus palabras fluyan disfrutando de ellas, escríbelo para ti.

¿Y CUÁL ES LA UTILIDAD DE LO QUE NO DESEAS?

Lo que no deseas también tiene utilidad pues sirve para mostrarte, en primer lugar, lo que sí deseas. Por ejemplo, cuando he experimentado un conflicto con mi pareja, he aprendido que puedo hacer varias cosas: darle muchas vueltas al conflicto, intentar estudiarlo, tratar de solucionarlo, cambiar la situación o usar ese contraste como guía de lo que sí deseo. En las ocasiones en que he tenido un problema de comunicación con él, he descubierto que lo que sí quiero es una mejor comunicación, es decir, que sea transparente, que seamos sinceros, que podamos hablar y que nos podamos expresar con confianza. Ese deseo no se había mostrado tan claramente antes de que sucediera el contraste. Por ello, esa situación de contraste tiene la utilidad de enseñarme lo que sí deseo. Cuando sabes lo que no deseas, inmediatamente surge lo que sí deseas. Y sobra decir que, por supuesto, cuando me alineé con mi deseo, el problema de comunicación desapareció.

Además, el contraste te ayuda a encontrar el enfoque adecuado. El enfoque es la capacidad que tienes de prestarle atención a algo. Puede ser que no lo uses conscientemente y vayas por la vida centrándote en lo que se te pone por delante. La buena noticia es que tienes la capacidad de decidir sobre aquello a lo que le prestas atención. Cuando usas esta capacidad de enfoque consciente, tu experiencia de vida puede cambiar porque aprendes a prestarle más atención a lo deseado. Siempre que aparece algo no deseado, te sientes mal y, para volver a sentirte bien, necesitas volver tu atención hacia algo que sí deseas. Como tienes una tendencia natural a buscar el bienestar, vas a tener que «obligarte» a dirigirte a lo que sí quieres para recuperar el bienestar. Activas esta habilidad de orientarte y prestar atención a lo que sí deseas. Por tanto, el contraste te muestra lo que sí deseas y además te ayuda a centrarte en eso que deseas.

También el contraste te da claridad, te muestra con detalle y precisión qué es lo que valoras, te enseña tus prioridades y las recoloca. Por ejemplo, en *El jardín de las delicia*s de El Bosco hay muchos elementos, personajes y paisajes. Tú puedes contemplarlo a distancia y ver que hay una gran belleza en él. Y si te aproximas y lo ves desde más cerca, tienes mucha más claridad porque ves los detalles, la forma de las figuras y la precisión de los trazos. También te puede suceder que encuentres elementos del cuadro que no te gustan, cosas que asustan, que dan miedo o te resultan desagradables a la vista. Esas partes desagradables te ayudan a apreciar mucho más los elementos que te gustan. En el momento en que has explorado la obra pictórica desde todos sus ángulos, tienes mucha más claridad, eres capaz de diferenciar con gran precisión lo que te gusta y lo que no.

Lleva este ejemplo a tu experiencia personal. En tu vida hay muchos elementos, algunos deseados y otros no deseados. Cuando te encuentras un elemento no deseado, valoras más los deseados y tienes más claridad sobre cómo es «el cuadro de tu vida».

El contraste, además, te genera nuevos deseos porque siempre que hay algo que no deseas, automáticamente aparece lo que sí anhelas. Siempre que tienes frío, quieres sentir calor; cuando sientes calor, deseas el frescor.

El contraste además te obliga a cumplir esos deseos. El contraste no te hace sentir bien y, como hemos dicho antes, por naturaleza estás diseñado para buscar tu bienestar. Así que el malestar que te genera va a ser tu gasolina para conseguir tus deseos. Experimentarlo te exige estar alineado con tus deseos; si tienes una situación no deseada y no la cambias, cada vez te vas a sentir peor hasta que decidas seguir el camino de tus deseos. Por ello, este contraste te va a forzar a ir hacia aquello que deseas.

Un ejemplo. En mi negocio hay cosas que no funcionan como me gustaría. Al descubrirlas me he sentido frustrada. Automáticamente he generado un deseo de mejora: «Me gustaría que Vidaes fluyera con orden y facilidad». Después de haber lanzado este deseo, no puedo conformarme con la forma antigua de funcionar; así que si quiero sentirme bien, a partir de ahora he de alinearme con mi visión de Vidaes ordenado, organizado y fluyendo con facilidad. Esa situación de contraste que viví es la responsable de que Vidaes se expanda y se convierta cada vez en un centro más sólido, estable y exitoso. Para el momento en el que estés leyendo este libro... ¡seguro que hemos abierto centros nuevos!

El contraste también te muestra la dirección de la expansión. Si hay alguna parte en tu vida que no está funcionando del modo que te gustaría, como, por ejemplo, tener más dinero mientras estás experimentando cierta escasez económica, eso quiere decir que la expansión que tu yo interior desea es que superes ese contraste para que seas capaz de recibir todo el dinero que está a tu disposición. Las situaciones de contraste que experimentas no vienen por casualidad, sino que eres tú quien las está creando porque sabes que cuando superes ese contraste, vas a recibir los beneficios de esa expansión. En otras palabras, has atraído los conflictos que tienes en este momento en tu vida porque quieres encontrar la solución. Quieres convertirte en esa persona más poderosa, más libre y más sabia.

Además, el contraste es la base de la expansión del universo. Gracias al contraste nos seguimos expandiendo como especie. Gracias a él hemos evolucionado, desde ese ser que apenas tenía ropa y vivía dentro de una caverna al ser evolucionado que somos ahora. Somos capaces de viajar a la Luna; hemos creado herramientas maravillosas como Internet, con toda la información a nuestra disposición las veinticuatro horas del día; tenemos agua caliente en nuestras casas; podemos volar y viajar a cualquier lugar del mundo; y todo esto gracias al contraste.

Aquí te voy a abrir mi corazón, porque uno de los momentos de mayor contraste de mi vida fue mi separación. Después de siete años felices de relación, y con un negocio juntos (el que para entonces era el negocio de mis sueños), las cosas no iban bien entre nosotros y nos separamos. Yo apliqué con disciplina ninja todo lo que sé y enseño. Por suerte, sucedió en verano y yo estaba en la playa, y usé la playa como objeto de apreciación para sentirme mejor. Meditaba en cuanto me sentía tambalear, daba largos paseos por la playa apreciando el brillo del agua, los rayos del sol, el azul del mar, la suavidad de la arena, la belleza del vuelo de las gaviotas a mi alrededor, etcétera. En cuanto dejaba a mi mente salir del momento presente y preocuparse por qué iba a pasar, o culparse por lo que había sucedido, me sentía realmente mal. Así que usé ese contraste como excusa para enfocarme de forma precisa en mi bienestar. Tanto, que fue uno de los momentos en los que mejor me he sentido en mi vida. Porque cuando me sentía mal, me sentía muy mal. Así que practiqué sentirme bien, y me sentí inmensamente bien. Y ese bienestar fue el trampolín que me llevó a mi nueva vida.

EJERCICIO

ASPECTOS POSITIVOS DEL CONTRASTE

Vamos a hacer un ejercicio que te ayudará a ver el lado positivo de las situaciones no deseadas. Como te comentaba al principio del libro, realiza los ejercicios que te propongo solo cuando te hagan sentir bien. Si no te sientes bien por cualquier motivo, continúa leyendo, que ya tendrás oportunidad de practicarlos en otro momento.

«Lo mejor del contraste en mi vida es la expansión meteórica que ha producido en mí. Me gusta el contraste porque me hace descubrir lo poderosa que soy, porque me hace encontrar recursos nuevos y me ayuda a desarrollar mi creatividad. Me encanta porque es mi excusa para pedirle ayuda a mi yo interior.

»Me gusta porque siempre me hace darme cuenta de que soy más grande que él, porque me ha ayudado a crear la vida que disfruto hoy, porque es emocionante, porque es la razón por la que estoy en esta experiencia y porque me puedo relajar, protegerme debajo de mi mantita y esperar a que pase.

»Me gusta el contraste porque me hace confiar en que nada malo puede pasarme ya que soy yo quien pone esa etiqueta, porque me enseña que puedo ser incondicionalmente libre, porque me permite jugar con mi perspectiva y elegir la que más me gusta y porque me mantiene alerta y fuerte. Me gusta que en un momento en el que parecía que mi vida se desmoronaba, me agarré a la fe absoluta de que todo estaba bien y logré dejarme llevar por esa ola, ¡disfrutándola! Me encanta saber que lo puedo volver a hacer y que tú también puedes».

Si te hace sentir bien, haz una lista de aspectos positivos del contraste en tu vida.

¿CÓMO TRANSFORMAR LO QUE NO DESEAS EN UNA ASPIRACIÓN?

Como seres humanos tenemos esta capacidad, podemos transformar lo no deseado en una aspiración. Esta habilidad es la responsable del avance y la evolución de nuestra especie. Lo vamos a hacer con el inmenso poder de nuestro enfoque. Porque tenemos la capacidad de prestarle atención a aquello que sí queremos en cualquier situación. De esa forma vamos a convertir una situación no deseada en una situación deseada.

¿Por qué? Porque cuando cambias tu enfoque o punto de vista, se transforma tu punto de atracción y, por consiguiente, se altera tu experiencia. Al modificar tu experiencia, varía tu realidad.

Voy a compartir contigo un ejemplo de esto. Soy una persona bastante exigente conmigo y con mi vida, y en un momento dado, hace algo más de un año, me sentía atrapada en mi vida en Madrid y quería estar con mi chico en Holanda. No me daba cuenta de las cosas maravillosas que estaban sucediendo a mi alrededor porque estaba enfocada en lo que deseaba y todavía no tenía. En ese momento, comencé a prestarle más atención a lo que me hacía feliz. Y como sabía que me iba a resultar más sencillo hacerlo con más gente, decidí escribir un blog de 100 días felices en los que repasaba, día a día, cada una de las cosas que me habían generado alegría. Desde el primer al último día, mi percepción sobre mi felicidad cambió radicalmente. Y no solo mi percepción, también mi realidad, ya que el día 84 cogí mi coche y mis dos gatitos y me mudé a Holanda con mi chico. Modifiqué mi punto de enfoque y se transformó mi realidad, ¡completamente!

Como ya hemos visto, en tu vida solo existen dos tipos de situaciones, relaciones o cosas: las deseadas y las no deseadas. Cuando experimentas algo no deseado, aparece automáticamente un deseo de mejora. En ese momento, puedes prestarle atención a lo que estás experimentando, tanto a lo que no te gusta como al deseo de mejora. Cuando le prestas toda tu atención a ese deseo de mejora, acabas atrayéndolo a tu experiencia y lo que no deseabas deja espacio a lo que sí deseas. De esta manera, en tu vida existe solo lo deseado y el deseo de mejora que te genera lo no deseado. Suena bien, ¿verdad? Como dice un amigo mío: «La vida solo se puede enfrentar de dos formas: o la disfrutas o aprendes a disfrutarla».

Una vez que has elegido lo que quieres experimentar, puedes olvidar lo que no deseas. Porque cuando no usas un patrón de pensamiento, las células gliales y microgliales eliminan todas las estructuras que no necesitas y podan las conexiones que ya no usas. Así es como tu cerebro crea espacio para que puedas construir nuevas y reforzadas conexiones para aprender más. ¿Te gustaría podar algún tipo de pensamiento? Solo necesitas dejar de practicarlo, entonces esa conexión se marcará con una proteína (C1q, por ejemplo) y las células gliales irán a podar esa conexión[106].

Tu cerebro se limpia y se optimiza cuando duermes, así que una siesta de diez o veinte minutos puede resultar bastante productiva para tu capacidad de aprendizaje y tu creatividad. Por eso al despertarte es posible que pienses con más claridad y rapidez, porque tus circuitos cerebrales han sido optimizados. Y cuando te vayas a dormir, piensa en las cosas que sean importantes para ti, y durante el sueño se oxigenarán y fortalecerán.

EJERCICIO

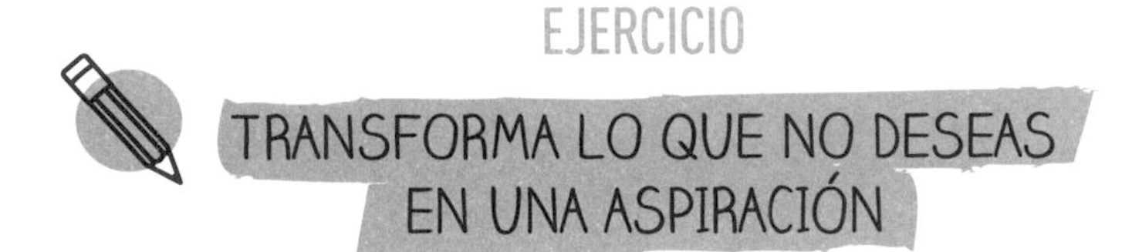

Aquí tienes una maravillosa herramienta que, como su propio nombre indica, te ayudará a transformar lo que no deseas en lo que sí deseas. Es un ejercicio muy poderoso que te dará claridad y calma mental. Este ejercicio lo he compartido innumerables veces en mis cursos y sesiones individuales. Y el resultado siempre es el mismo: mis clientes experimentan más orden y claridad mental, y se dan cuenta de que pueden dejar ir la fijación en lo que no desean para ver las oportunidades que aparecen en lo que sí desean. Es una forma de decirle al sistema de mantenimiento de tu cerebro qué conexiones neurales quieres mantener y cuáles quieres desechar. Primero haz una lista de cosas que no deseas en tu vida en este momento. Luego, le das la vuelta a esas cosas y las transformas en deseos. Finalmente, continúas con la lista de cosas que sí deseas.

Así es como lo haría yo:

«*No deseo* sentirme asustada y confusa, tener conflictos con las personas que quiero, ni tener problemas económicos. Al darle la vuelta a lo que no deseo, me doy cuenta de que lo que *sí deseo* es sentirme confiada y clara, disfrutar de relaciones armoniosas con las personas a las que quiero y vivir con abundancia económica. He recibido más claridad sobre lo que quiero en mi vida. Además, al nombrar las emociones que deseo sentir se activan en mí, comienzo a acercarme a ellas y a alejarme de las que no deseo sentir. *Deseo* vivir con libertad, hacer lo que me gusta e impactar en la vida de muchas personas.

»Ya puedo olvidarme de esas cosas que no deseo porque he recibido el beneficio que tenían para mí, que es mostrarme lo que sí deseo».

Ahora es tu turno:

Puedes practicar esta herramienta. Puedes repetirla todos los días o siempre que experimentes una situación no deseada. Te dará claridad.

Deseo	No deseo
------------------------------	------------------------------
------------------------------	------------------------------
------------------------------	------------------------------
------------------------------	------------------------------
------------------------------	------------------------------
------------------------------	------------------------------
------------------------------	------------------------------
------------------------------	------------------------------
------------------------------	------------------------------
------------------------------	------------------------------
------------------------------	------------------------------
------------------------------	------------------------------
------------------------------	------------------------------

TIPOS DE DESEOS

Marianne Williamson, autora de *best sellers* que acaba de crear un comité para una posible candidatura para el Partido Demócrata en Estados Unidos, escribió en uno de sus libros una cita tan buena que fue erróneamente atribuida a Nelson Mandela: «Nuestro miedo más profundo no es nuestra debilidad, nuestro miedo más profundo es que somos poderosos sin límite». Somos seres poderosos que a veces dudamos de nuestra grandeza. Y a veces tenemos miedo de lo que deseamos porque sabemos que puede cumplirse, porque dudamos de si nuestros deseos son verdaderos o incluso perjudiciales. En ocasiones tendemos a controlarlos porque pensamos que pueden ser perjudiciales. Sin embargo, un estudio[107] de 205 personas registrando sus episodios de deseo demostró que estos son frecuentes, variables en intensidad, y que en su mayoría no generan problemas.

Para saber si tus deseos son verdaderos o no, primero tienes que conocer qué tipos de deseos existen. Hay tres tipos, dependiendo del objeto de deseo: los *generales*, los *específicos* y los *integrados*.

Los *generales* son intangibles, aquellos que no tienen una forma definida todavía, que no tienen color, que no se pueden tocar. Constituyen, además, la primera manifestación de tus deseos porque es la primera que aparece y la más fácil de conseguir, incluso puede ser instantánea. Los deseos generales son todas aquellas emociones, sensaciones y valores que deseas experimentar en tu vida. Como has visto en los ejercicios anteriores, eres capaz de activar una emoción en el mismo instante en que le prestas atención. Además, los deseos generales son la razón principal por la que deseas lo que deseas. Hay algunas personas que tienden a desear de forma general. Un ejemplo es: «Quiero ser feliz».

Los *específicos* son los deseos tangibles, que tienen forma y color, los puedes tocar y ver. Son más lentos de manifestar, no son tan inmediatos. Son las manifestaciones palpables de aquello que deseas: el coche, la casa, la pareja, el viaje de tus sueños, etcétera. El desafío con este tipo de deseos es que pueden crear más resistencia porque generan más duda sobre la veracidad o posibilidad del deseo. Hay personas a las que les resulta más fácil tener deseos específicos. Un ejemplo es: «Quiero comprarme una casa en la playa».

Por último, tenemos los *integrados*: son deseos que tienen integrada la parte general y la parte específica; la parte tangible y la no tangible. Son aquellos en los que sabes concreta y exactamente lo que quieres y por qué lo quieres. Un ejemplo es: «Yo quiero conseguir la casa de mis sueños porque me va a hacer sentir cómoda y tranquila, porque me va a dar espacio, porque voy a poder hacer las cosas que deseo en ella y porque me sentiré plena y orgullosa de haberla conseguido».

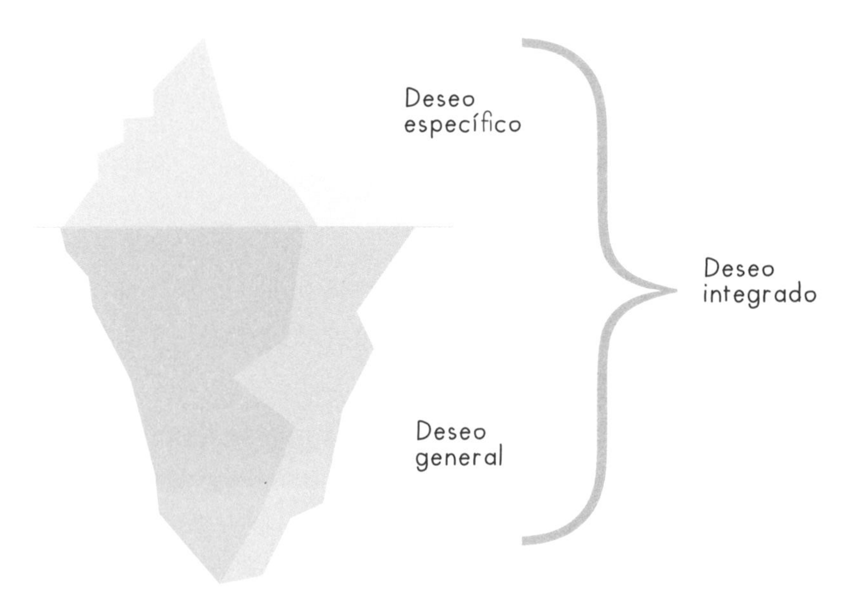

Tener tus deseos integrados es el primer paso para manifestarlos con mayor facilidad. Muchas veces, en mis sesiones, los clientes vienen diciendo que desean algo específico y que no pueden vivir sin ello, y cuando les pregunto por qué lo desean (cuál es la parte general de ese deseo tan específico), no son capaces de expresarlo, no lo saben. Les cuesta describirlo porque, aunque hablan del deseo, no le han prestado atención realmente, tan solo a su ausencia, por eso no tienen la parte general integrada y les cuesta manifestarlo.

Un ejemplo: «Quiero tener más dinero» es un deseo específico con cierta capacidad de atracción dependiendo de la cantidad de resistencia que yo tenga con respecto a ese tema. Cuando integro ese deseo específico con su parte general, tiene mucho más poder vibratorio y por consiguiente de atracción. Ese deseo integrado sería: «Quiero tener más dinero para ser más libre porque me ayudará a sentirme abundante y plena, porque me impulsará a ser la versión de mí misma que deseo ser, porque me dará seguridad y confianza, porque generará expansión y porque me hará sentir belleza, comodidad, facilidad, disfrute, ilusión, entusiasmo y generosidad».

EJERCICIO

INTEGRA TUS DESEOS

Ahora vamos a practicar la herramienta para integrar tus deseos. Hice un experimento en el grupo de Facebook con las personas que estaban interesadas. En el momento que hice la encuesta, de 22 personas que contestaron, un 40 por ciento lo seguían haciendo y descubrían cosas nuevas; un 31 por ciento lo dejaron, pero querían volver a comprometerse; un 22 por ciento no llegaron a hacerlo y un 4 por ciento lo hicieron pero no notaron nada. Lo que quiere decir que de las personas que lo hicieron, un 90 por ciento lograron resultados. Mi conclusión sobre este experimento es que el compromiso con estos ejercicios genera una altísima tasa de éxito. Sin embargo, un 53 por ciento de las personas que estaban interesadas en hacerlo no lograron convertido en un hábito, por lo que el compromiso no es tan frecuente como esperaba. Por eso aprovecho para felicitarte por haber llegado hasta aquí, mi más sincera enhorabuena por tu compromiso con tu felicidad. Estoy segura de que la felicidad que deseas está muy cerca.

Ahora vamos a practicar esta herramienta. Vas a preguntarte sobre lo que deseas, vas a definir si es un deseo general o específico y lo vas a colocar en el apartado correspondiente. Si es específico, plantéate: ¿por qué lo quiero? ¿Cómo me sentiré cuando lo consiga? ¿Para qué lo quiero? Y así rellenas la parte de deseo general.

Si tu deseo es general, plantéate: ¿qué sucederá cuando lo consiga? ¿Qué haré? ¿Qué partes de mi vida se verán afectadas? ¿Qué me ayuda a sentir así? Y así rellenas la parte de deseo específico.

Un ejemplo:

«Yo deseo vivir en libertad» es un deseo general, así que voy a integrarlo con la parte específica.

¿Qué sucederá cuando lo consiga? Tendré todo el tiempo del mundo y viviré sin horarios.

¿Qué haré? Lo que me apetezca en cada momento.

¿Qué partes de mi vida se verán afectadas? Mi salud y bienestar mejorarán, mi carrera profesional será más exitosa porque seré capaz de vivir más plenamente lo que enseño y mis relaciones serán más fáciles y auténticas.

¿Qué me ayuda a sentir así? Tomarme tiempo para mí, reflexionando más y haciendo menos.

¡Ya está integrado!

(Mensaje de Alicia desde el futuro: ¡Ya lo he conseguido!).

Otro ejemplo:

«Quiero que este libro sea un éxito e inspire a miles de personas a ser más felices».

¿Por qué lo quiero? Porque me hace feliz ver a la gente contenta.

¿Cómo me sentiré cuando lo consiga? Ilusionada, satisfecha, confiada, segura, alegre, feliz y poderosa.

¿Para qué lo quiero? Para tener una manifestación tangible de lo maravilloso que es transformar el contraste en un tesoro que me sirve a mí y a los demás.

¡Ya está integrado!

(Mensaje de Alicia desde el futuro: ¡Este está casi conseguido!).

Ahora es tu turno:

¿Qué deseas? ¿Es un deseo general o específico?

- Deseo específico

¿Por qué lo quiero?

¿Cómo me sentiré cuando lo consiga?

¿Para qué lo quiero?

- Deseo general

¿Qué sucederá cuando lo consiga?
¿Qué haré?
¿Qué partes de mi vida se verán afectadas?
¿Qué me ayuda a sentir así?

Repite este ejercicio cada vez que tengas un nuevo deseo, te ayudará a integrarlo y a que encuentres la gasolina necesaria para lograrlo.

¿CÓMO SABER QUE LO QUE DESEAS ES A LO QUE ASPIRAS DE VERDAD?

Cualquier cosa que deseas, la deseas porque piensas que te sentirás mejor cuando la consigas. Incluso si es un coche, si es la lotería o hasta el trabajo de tus sueños. Todo esto lo anhelas porque piensas que cuando lo tengas vas a sentir más felicidad, más plenitud y más realización. Por tanto, si quieres asegurarte de qué es lo que realmente quieres, tienes que preguntarte por la parte general del deseo, ya que es la razón por la que deseas lo que deseas. ¿Por qué no ganan la lotería quienes la desean? Puede ser porque realmente no la quieren. No hay suficiente razón tras ese sueño. Porque a lo mejor la lotería no es el camino de menos resistencia para conseguir sentirse feliz, que es la razón por la que desean ganar todo ese dinero. De hecho, un estudio[108] de la Universidad de Illinois demostró que el nivel de felicidad aumentó considerablemente en aquellas personas que ganaron la lotería, pero unos meses después su nivel de felicidad había disminuido.

Para saber qué es exactamente lo que quieres, la parte general y la específica del deseo han de estar integradas, han de ir en la misma dirección. Si tu sueño no está integrado, no tendrás la gasolina necesaria para lograrlo. Si la parte específica y la general van en distintas direcciones, se dividirá la atención. Por ejemplo: si mi ilusión es tener una pareja porque me siento sola, ese deseo no está integrado porque pareja y soledad van en dos direcciones distintas. El sueño integrado sería tener una pareja porque me sentiré amada, acompañada, querida e inspirada. Hay una gran diferencia, ¿verdad?

Si además de conocer la parte general de tu deseo, de saber exactamente cómo te sentirás, de ser capaz de alimentar y de despertar la emoción, puedes darle detalle a ese sueño, ya tienes cubierta la parte específica y ya tienes un deseo integrado. Si eres capaz de describir por qué deseas lo que deseas, cómo te sentirás, qué valores tendrás, qué aprenderás y cómo lo compartirás, entonces ya tienes el sueño completo porque conoces el deseo en su parte general y en su parte específica, lo que lo convierte en integrado.

Por el contrario, aquellos deseos específicos de los que no conoces la parte general puede ser que no los anheles realmente. Volviendo al caso de la lotería, quiero que me toque la lotería para ser feliz, pero existe la posibilidad de que me toque y no sea feliz. También puede suceder que esas aspiraciones no tengan la fuerza necesaria para cumplirse. Por mucho que digas: «Quiero que me toque la lotería, quiero que me toque la lotería, quiero que me toque la lotería», si no eres capaz de conectar con la emoción verdadera de lo que quieres, con la vibración de ese deseo, tu vibración no va a tener la fuerza necesaria para convertirse en una manifestación tangible.

¿CUÁL ES LA MEJOR FORMA DE DESEAR?

La forma más efectiva de desear es olvidarte de lo que deseas. El proceso de desear es automático, no es algo a lo que debas prestarle demasiada atención. Si buscas ser feliz a cada momento, permitirás que esos deseos que has ido lanzando acudan a tu experiencia. Uno de los deseos que a muchos de mis clientes les cuesta manifestar es tener una relación de pareja. Y les cuesta porque tienen la creencia de que es difícil, que no lo merecen, que es peligroso porque pueden salir dañados, etcétera. En estos casos, la mejor estrategia es olvidarte del deseo de encontrar a alguien y centrarte en las partes maravillosas que funcionan en tu vida. Muchos de los clientes que han conseguido pareja me comentan: «Yo estaba tan feliz sin pareja, no estaba buscando»; en otras palabras, no estaban obcecados en la idea de que no la estaban encontrando. Esta felicidad e independencia es la que les hacía ser más atractivos[23 y 28]. Por esto voy a contarte cómo conocí a mi pareja. Después de mi separación, me fui de crucero con Abraham-Hicks con la única intención de disfrutar y aprender cosas nuevas. Patrick (así se llama mi pareja) se encontraba en una situación parecida, había salido de una relación y su única intención era disfrutar. A ninguno se le pasaba por la mente el buscar una relación, y los dos nos encontrábamos en un momento de liberación. Un día, mientras estábamos en el taller de Abraham-Hicks, en un teatro con más de mil personas, tuve una visión en túnel hacia el otro lado de la sala. Ahí estaba él, y en ese momento me di cuenta de que me gustaba, pero tampoco le di mucha importancia. Seguí disfrutando del crucero, charlamos, bailamos y cuando nos sentamos juntos en un concierto improvisado de un amigo, nuestras manos se entrelazaron, como llevadas por un imán. En ese momento ambos supimos que había algo profundo y precioso entre nosotros. Al finalizar el crucero nos dijimos adiós porque vivíamos en dos países diferentes, pero no pudimos dejar de hablar. Un mes después él vino a visitarme a Madrid y nos dimos cuenta de que éramos una pareja. Después de tres años y medio de relación a distancia, me mudé parcialmente con él a Holanda. ¡Y eso que no estábamos buscando pareja!

Si te hace sentir bien, puedes prestarle atención al deseo, pero hacerlo sin estar apegado al resultado. Cuando deseas algo, eres capaz de disfrutar del deseo y olvidarte después de él. Cuando llegas a disfrutar y liberarte de tus sueños de esta manera, la magia sucede.

El día de mi cumpleaños estaba celebrándolo con mis amigas y una de ellas me recordó un juego de abundancia en el que tienes que gastarte 1.000 euros en tu imaginación. Así que gasté 333 euros en una fiesta de cumpleaños el fin de semana, otros 333 euros en un supermasaje y 333 euros en una acción de marketing para mi centro de bienestar. Disfruté mucho el proceso y después me olvidé. Al día siguiente, recibí una fiesta sorpresa por mi cumpleaños en la que me regalaron un masaje y una amiga me ayudó con una encuesta para mi centro. No me di cuenta de la relación entre lo que había deseado y lo que estaba recibiendo hasta por la noche cuando fui a jugar otra vez y lo vi escrito, y no me lo podía creer. La cosa no terminó ahí, porque unos días después me ofrecieron hacerme un estudio y un plan de marketing gratuito para mi centro, y el valor real de ese ofrecimiento era muchísimo mayor de 1.000 euros. Sin duda, todo esto gracias a que deseé sin pensar en el resultado, deseé por el placer de desear ¡y entonces la magia sucedió! Por eso te ofrezco este ejercicio que me encanta, para que desees por el placer de desear. Este ejercicio te abrirá la mente a nuevas posibilidades y te recordará a cuando eras niño y soñabas.

EJERCICIO

¿NO SERÍA MARAVILLOSO SI...?

Este ejercicio te ayudará a tener pensamientos que te acercan a tus deseos.

«Confía en esa voz dentro de tu cabeza que dice: ¿No sería genial si...?, y luego hazlo». Duane Michals.

Así lo haría yo:

«¿No sería maravilloso si este escrito te ayudara a lograr la felicidad que deseas?

¿No sería maravilloso si tuviera mucho tiempo para mí?

¿No sería maravilloso si hiciera sol este fin de semana?

¿No sería maravilloso si termino de escribir a tiempo?

¿No sería maravilloso si encuentro un vuelo a Venecia que se adapte a mis necesidades?

¿No sería maravilloso si pudiera vivir con mi pareja?

¿No sería maravilloso si pudiera vivir con mi pareja, escribir más libros y tener tiempo para mí, y que muchas personas se sintieran inspiradas con mi camino?

¿No sería maravilloso si Vidaes (mi centro) siguiera funcionando a la perfección ayudando a alumnos y profesores a celebrar la felicidad?

¿No sería maravilloso si además abrimos nuevos centros de Bienestar y Felicidad en otras partes del mundo?

¿No sería maravilloso si todo esto sucede de forma sencilla y armoniosa?

¿No sería maravilloso si la felicidad nos ayuda a todos a lograr nuestros deseos y nos damos cuenta de lo fácil que es la vida?

¡Sí, sería maravilloso!».

(Qué divertido me resulta releer mis deseos del pasado y ver que son la realidad de mi presente. Te recomiendo que pongas ahora mismo en tu agenda una nota para dentro de un año, relеas el libro y disfrutes de la sensación de ver qué deseos se te han cumplido).

Ahora es tu turno:

Deja que tu imaginación vuele y escribe lo que se te vaya ocurriendo.

¿No sería maravilloso si...?

¿QUÉ SUCEDE CUANDO RECIBES UN DESEO SIN ESTAR PREPARADO?

Lo que sucede es que lo deseado se convierte en algo no deseado, aquello que deseabas se convierte en un problema más que en una solución. Si aparece el amor de tu vida y no estás preparado vibratoriamente, vas a rechazarlo porque no estás listo para recibirlo, por lo que te generará más dolor que antes de haberlo encontrado.

Piensa que todas las cosas que deseas y no tienes no han llegado a tu vida por una muy buena razón. Así que siente gratitud por no haber cumplido esos deseos todavía. Vaya cambio de perspectiva, ¿eh? Y desde este estado de gratitud, solo has de prepararte para recibirlo. Aprenderás a hacerlo en el próximo capítulo.

Además, te aseguro que no quieres recibir todos tus anhelos ahora aunque creas que sí, de la misma forma que no quieres comer toda la comida que vas a comer el resto de tu vida en este instante. No lo quieres, te lo aseguro. Si no está en tu experiencia, es que no estás preparado para recibirlo. Imagina que ganas la lotería y recibes una gran cantidad de dinero en este momento, dinero para el que tal vez no estés preparado. ¿En qué se va a convertir ese dinero? Posiblemente en una fuente de problemas porque no has tenido tiempo suficiente para prepararte para recibirlo. Tampoco quieres conocer al amor de tu vida hasta que estés preparado para disfrutarlo. ¿Por qué? Porque si aparecen creencias limitantes, te van a hacer que no goces de esa experiencia y algo que podía ser una oportunidad maravillosa se va a convertir en una pesadilla.

Lo que sí que quieres es prepararte para tus sueños; lo que sí que quieres es entrenar tu mente para generar una estructura de pensamiento estable que te permita disfrutar las aspiraciones que van llegando; lo que sí que quieres es recibir los deseos que puedes disfrutar ahora; lo que sí que quieres es relajarte y decir: «Está bien, tengo sueños que todavía no se han cumplido y está bien porque necesito prepararme interiormente para conseguirlos»; lo que sí que quieres es progresar en tu capacidad de recibir sueños nuevos y mayores cada vez; lo que sí que quieres es establecer nuevas rutinas como las que estás aprendiendo en este libro, que te ayudan a alinearte cada vez un poco más y que de forma natural y automática lleven tus aspiraciones a tu experiencia.

Vibratoriamente somos como un cuenco: si lo llenamos con agua hasta que rebosa, no va a recibir más de lo que puede. Ese cuenco puede recibir el agua que es capaz de albergar; si le echas más, se va a derramar y lo va a poner todo perdido. Eso mismo es lo que sucede con nosotros, tenemos la capacidad de recibir una cierta cantidad y calidad de deseo; si no estamos preparados para ello, igual que el agua, se va a derramar, creando un auténtico lío.

Esto es lo que necesitas para saber lo que deseas realmente. Así podrás ponerle la dirección exacta al GPS de tu coche y que te lleve fácilmente a tu destino.

«El camino más rápido hacia tus sueños es aquel que cuando lo emprendes, ya has llegado».

Alicia Carrasco

7

CONOCER EL COCHE Y AL CONDUCTOR

«De vez en cuando
es bueno hacer
una pausa en
nuestra búsqueda
de la felicidad
y simplemente
ser feliz».

Guillaume Apollinaire

Este capítulo consiste en conocerte más a ti y a tu yo interior. Vas a aprender cómo funciona tu coche y descubrir al conductor. Emplearemos esta analogía para que te quede más claro.

En este capítulo descubrirás una nueva forma de ver quién eres y cuáles son tus recursos para lograr ser más feliz. Te darás cuenta de que, igual que todos los caminos llevan a Roma, todos los caminos llevan hacia tus deseos, antes o después. También descubrirás el terreno con una mayor perspectiva, lo que los ingleses llaman «The Big Picture». Comprobarás quién es el conductor de tu coche y cómo lo está conduciendo. También aprenderás varios conceptos sobre la Ley de Atracción que te ayudarán a encontrar el mejor camino hacia tus sueños.

EN COCHE HACIA TUS SUEÑOS

Puedes avanzar de forma cómoda y veloz hacia lo que deseas, así que te propongo ir en coche. Este coche te lleva donde quieras sin que tengas que preocuparte demasiado, igual que tu cuerpo, que siempre está preparado para hacer aquello que le pidas sin que tengas que preocuparte de hacer que tu corazón lata, que tu estómago digiera los alimentos y que tus neuronas hagan sus conexiones. Tú no eres tu cuerpo físico, sino quien lo dirige. Tú eres el conductor del coche, que decide dónde quiere ir y cómo hacerlo. Puedes conducir sin rumbo fijo, seguir a los otros coches, puedes dirigirte hacia tus deseos y hacerlo encendiendo tu GPS o en formato ensayo-error. Hay tantas maneras de caminar por la vida como personas.

Tienes un yo interior que posee toda la información que necesitas, algo así como Google, que tiene todos los mapas del mundo y que puede crear la ruta más rápida hacia tu destino teniendo en cuenta si hay atascos, obras o algún accidente en la carretera.

Tienes también un GPS que son tus emociones, que te indican con precisión cómo vas en tu camino a tus sueños. Tienes la capacidad de enfocarte en tu destino, en el GPS, o también puedes pasarte todo el viaje mirando por el retrovisor, apenado por el camino que dejas atrás. Dependiendo de dónde mires, así será la calidad de tu viaje.

Tu coche tiene un volante que te ayuda a adaptar tu dirección. Estas son tus acciones, que si están en línea con lo que dice tu GPS (tus emociones), te llevarán hacia tus deseos.

Tienes tus pensamientos, que cuando están alineados con tus emociones y con tus deseos te acercan a tu destino, como el acelerador de tu coche. Y cuando no, te mantienen estancado, como el pedal del freno.

Este magnífico coche dispone de la gasolina gratis e ilimitada de tus emociones, y con solo dejarte guiar por ellas tendrás el tanque lleno. Siempre que se te encienda la luz de la reserva, toca parar y volver a llenarlo. De la misma forma que, cuando te sientes mal, tienes que parar y hacer lo necesario para sentirte bien. Todas las herramientas que has aprendido, junto con las que aprenderás, te ayudan a lograrlo.

¿QUIÉN ERES REALMENTE?

Antes de comenzar a leer lo que viene a continuación, te recomiendo que te tomes un momento para conectar contigo, respirar profundamente y abrir tu mente para permitir que te llegue la información que más necesitas ahora. No te preocupes si no lo entiendes todo, no le encuentras el sentido o te suena raro, tú sigue leyendo porque en otro momento puedes volver a releer este capítulo.

Respira... ¡Empezamos!

Eres una extensión de la fuente. La puedes llamar Dios, universo o «todo lo que existe», ya que todo aquello que existe es una extensión de la fuente. Esta es una fuente de energía pura, eterna y positiva. La mayor parte de ti sigue orientada a esa fuente pura y positiva. Además, hay una parte de esa fuente que está encaminada a esta realidad espacio-temporal, aquello que tú llamas «yo». Desde tu punto de vista único, puedes elegir alejarte de tu fuente y experimentar aquello que no deseas. Esto te generará contraste porque tu fuente siempre va a estar encauzada a lo que sí deseas. Una de tus razones para estar viviendo esta experiencia de vida es poder experimentar este contraste, lo que, como vimos en el capítulo anterior, va a permitir tu expansión y la del universo.

Tú también puedes aprender a recibir sus beneficios. El que estés experimentando aquí y ahora tu realidad física, está generando una expansión increíble en el universo. Esa labor está ya cumplida. Lo importante, y de lo que trata este libro, es que disfrutes de los beneficios de la expansión tú mismo, en tu vida, ¡ya!

Aquí está todo lo que necesitas recordar sobre ti que te hará feliz. Este es el apartado que más me gusta enseñar en los talleres porque ayuda a mis alumnos a recordar algo que siempre han sabido de forma visceral e intuitiva.

Cuentas con una parte no física que tiene acceso a toda la sabiduría y a los recursos del universo. Esa parte de ti que está dirigida a lo no físico, que está en conexión directa con la fuente, tiene acceso a toda la información que existe y ha existido jamás, y tú puedes acceder a ella siempre. Cuando te alineas con tu fuente, tienes toda esa fuerza que crea mundos a tu disposición. Tienes la poderosa energía de la fuente alineada contigo, aquella que es capaz de mantener nuestro planeta en su sitio y en perfecta distancia con el sol. Esa fuerza está ahí para ti, a tu disposición las veinticuatro horas del día, los siete días de la semana.

Sabiendo que esa es tu esencia, puedes elegir alinearte con la totalidad de quien eres o vivir sin usar todos esos recursos que están a tu disposición. Puedes relacionarte con lo que te rodea solo desde la materia o usar el inmenso poder de la vibración que genera tu mente.

Tú eres el que crea todo lo que existe en tu vida, incluso el contraste. Y lo creas por muy buenas razones, porque a veces es el camino de menos resistencia para la expansión que deseas. Por tanto, cuando haya algo no deseado en tu vida, lo más inteligente es que le abras la puerta porque tú mismo eres quien ha creado ese contraste. Porque tú quieres disfrutar de la expansión que viene tras él. Así que ya que lo has invitado a tu vida, puedes elegir disfrutarlo, sacar lo mejor de esa experiencia y llevar tu atención hacia el objetivo del contraste: la expansión. Ya aprendiste cómo hacerlo.

Cuando te relacionas con tu entorno a través de la materia, el trabajo duro y el esfuerzo, no estás usando la fuerza que crea mundos que hay disponible para ti. De hecho, estás muchas veces nadando en contra de la corriente de bienestar. En nuestra metáfora del coche, sería como conducir con el freno de mano puesto. Cuando te relacionas con tu entorno desde la vibración, eres capaz de alinearte con el flujo armonioso del universo, haciendo que cada acción sea lo más sencilla y efectiva posible.

Aquí tienes algunas verdades universales que harán tu vida más dichosa. Por supuesto, han de ser pasadas por tu filtro personal para que decidas si son tus verdades o no.

—Tienes la fuerza que crea mundos a tu disposición.

—Tu única responsabilidad es tu felicidad. Lo único que tienes que hacer en esta vida (siempre que quieras, claro) es ser dichoso. Cuando lo eres, te alineas con tu parte no física y tienes la fuerza que crea mundos a tu disposición.

—Cuando eres feliz, recibes la inspiración de la fuente y cada acción es deliciosa y productiva.

—Eres el niño/a mimado/a del universo, todo el universo está pendiente de ti porque eres el responsable de esta maravillosa expansión.

—Eres amado y respetado por todo lo que existe. No tienes que demostrar nada, ya eres merecedor de todo.

—Estás en la primera línea del pensamiento, estás en este punto del universo donde existe el contraste y gracias a ti el universo se expande, así que el universo está tan agradecido por tu labor que tiene toda su atención puesta en ti, como una vez te prometió.

—Cuando piensas algo que te hace sentir bien, quiere decir que es verdad. Por el contrario, cuando piensas algo que no te hace sentir bien, significa que no es verdad. Por ejemplo, si pienso que soy un ser maravilloso, valioso y lleno de vida, me siento bien. El hecho de que me sienta bien quiere decir que mi yo interior está de acuerdo con ese pensamiento. Sin embargo, cuando pienso que no valgo para nada y que mi vida es un desastre, no me siento bien. Esto indica que eso no es verdad para nada.

—Tienes acceso a tu inmensa sabiduría, y sabes que te estás acercando a ella porque te sientes muy bien, eres creativo y tienes abundantes ideas.

—Cuando haces preguntas, siempre aparecen las respuestas. A veces dejamos de preguntar porque pensamos que no va a haber una respuesta. Atrévete a hacerlo, ya que la pregunta es necesaria. No hace falta que la respuesta sea inmediata, puedes lanzar la pregunta y seguir con tu vida. Antes o después la respuesta te encontrará. Hace muchos años, cuando pasaba mi vida trabajando largas horas, yendo y viniendo del trabajo y sin energía para nada más, tuve una idea que duró tan solo un segundo: «Quiero hacer algo grande en mi vida», y antes de que mi mente bloqueara esa idea con dudas y complejos, surgió la pregunta: «¿Cómo?». Esa pregunta no fue respondida en ese momento, pero sé que fue el primer paso para todo lo que ha sucedido desde entonces y me ha traído hasta aquí.

Estas son solo algunas de las verdades universales que te ayudarán a ser más feliz. ¿Quieres saber más?

EJERCICIO

CARTA A TU YO INTERIOR

Como tienes acceso a tu inmensa sabiduría, vas a empezar a conectar con ella preguntándole a tu yo interior.

Escribe aquí una carta a tu yo interior preguntando todas las dudas que tengas. Cuando hayas terminado, permite que tu yo interior te dé una respuesta escribiendo también la carta de contestación. Así es como yo lo haría:

«Querido yo interior:

¿Cómo estás? Estoy muy contenta de tener este libro que estoy escribiendo como excusa para comunicarme contigo. La verdad es que sería maravilloso hacerlo más a menudo porque siempre me das las mejores respuestas. Me gustaría que me dieras más información sobre quién soy y cómo puedo disfrutar más de ser quien soy. ¿Qué te parece?

Te adoro. Alicia».

«Querida Alicia:

Para mí es un placer comunicarme contigo. Te recuerdo que siempre estamos en contacto, aunque no sea a través de una carta. Yo soy esa voz encantadora que oyes a menudo en tu cabeza, o ¿quién te crees que está escribiendo este libro? ¿Tú sola? Eres brillante, pero... ;). Eres una parte de mí, igual que yo soy una parte de ti. Lo que te va a encantar es saber cómo se te ve desde esta perspectiva en la que me encuentro. Eres belleza, querida Alicia, eres autenticidad. Eres una representación física maravillosa de la energía de la fuente, con fuertes piernas y unos dedos de los pies larguísimos. Desde aquí se te ve como verías tú a una niña pequeña jugando: divirtiéndose, equivocándose y aprendiendo, pero siempre bella y perfecta. Desde aquí siempre disfrutamos de quién eres, así que puedes unirte a nuestra fiesta cuando quieras y celebrar tu existencia con nosotros. ¡Es divertido! La verdad es que eres divertida y te adoro.

Yo también ;) El universo».

Qué bien se sienta. Y ya sé de dónde viene mi sentido del humor.

Es tu turno:

No te lo tomes muy en serio, ya has visto que mi yo interior no lo es. Escribe lo que sea sin juzgar. Esta es la primera vez que lo haces, y estoy segura de que a medida que practiques te resultará más fácil. Será información fiable si te hace sentir bien. Ve a un lugar calmado donde no te interrumpan, tómate un minuto para respirar y comienza tu carta.

Querido universo

¡A ver qué te contesta!

¡Uau! ¿Qué te parece?

¿QUÉ RECURSOS TIENES PARA CAMINAR HACIA TUS DESEOS?

Si seguimos con la metáfora del coche, ¿cuál es el equipamiento que tiene tu vehículo? Tienes una *conexión eterna e infinita con la fuente* de la que nunca te puedes desconectar por muy mal que te sientas o por muy mal que te portes.

Hace unos años fui a hacer voluntariado a la cárcel y ofrecí talleres de relajación y reiki a los internos. Mi principal motivación era encontrar gente «mala», gente que no tuviera esa conexión con la fuente. Nunca había encontrado ninguna persona realmente «mala» en mi vida. Y si hay un lugar donde los «malos» están, este lugar tenía que ser la cárcel. Sobra decir que no los encontré, y todavía sigo sin encontrarlos. En ese voluntariado conocí a Olegario, un hombre gigante con una lágrima tatuada al lado de su ojo izquierdo y vestido completamente de negro que lo primero que me preguntó fue: «¿Cómo puedo usar reiki para el mal?». Respondí clara y concisa: «Lo siento, Olegario, reiki es energía del bienestar y no hay forma de usarlo para hacer daño». Creía que iba a irse de inmediato porque no habíamos cumplido sus expectativas, pero se quedó. Y no solo eso, sino que a la semana siguiente volvió, vestido de blanco inmaculado, con cara de bueno y preparado para conectarse con la energía del universo. Me pregunto qué habrá sido de él...

Siempre que enciendes el GPS tienes acceso a los mapas colgados en Internet y a los satélites que te posicionan en ese mapa. Tu yo interior tiene toda la información y la perspectiva necesarias para guiarte.

Uno de tus recursos es tu *sistema de guía emocional*, del que ya hablamos en el primer capítulo, que te indica cómo es tu relación con tu fuente. Tu GPS traduce la información de los satélites y de los mapas y te indica cuál es la próxima acción que has de emprender para llegar a tu destino. Cuando te sientes bien, estás acercándote a la fuente; cuando te sientes mal, estás alejándote de la fuente. Te acuerdas, ¿verdad?

También tienes la *capacidad de decidir tu punto de enfoque*. Puedes elegir a qué le prestas atención: a lo que deseas o a lo que no deseas, y tu experiencia de vida estará determinada por ese punto de enfoque más que por tus circunstancias. Cuando conduces, siempre miras hacia donde quieres ir, ¿verdad? Si quieres ir al frente y miras a la derecha, seguramente acabes yendo hacia la derecha. El enfoque en tu vida funciona igual, allá donde miras es donde acabarás dirigiéndote, así que asegúrate de mirar hacia donde quieres ir. Por ejemplo, si le prestas atención a aquellas personas que tienden a criticarte, vas a girar tu volante y acercarte a ellas. Si, a pesar de que te critiquen, tú sigues mirando hacia tus deseos y tus objetivos, en muy poco tiempo habrás dejado esas críticas atrás.

Otro recurso maravilloso que tienes a tu disposición es tu *capacidad de imaginar y sentir* cuando la realidad que te rodea no es muy agradable y no te hace sentir bien. Tú tienes la capacidad de crear en tu mente una situación agradable que te va a llevar a sentir emociones agradables. Hay estudios[109] que muestran que nuestro sistema nervioso no distingue entre una experiencia real y una que ha sido imaginada porque la percibe como real con todos sus detalles. Por ejemplo, ahora mismo tienes la capacidad de imaginarte en una playa desierta con un sol maravilloso y con el sonido de las olas del mar que hace vibrar todo tu cuerpo. Lo has sentido, ¿verdad? Esa capacidad de imaginar te está provocando unas emociones específicas, y lo mejor de todo es que la imaginación la puedes utilizar en cualquier circunstancia. Como le dijo lord Henry a Dorian Gray en *El retrato de Dorian Gray*[110]: «Ese es uno de los grandes secretos de la vida: curar el alma por medio de los sentidos y los sentidos con el alma».

¿Qué más recursos tienes? Los *indicadores de tu vibración*: emociones y manifestaciones externas que te indican cómo está. Existen varias formas de darte cuenta de qué tipo de vibración estás emanando. Puedes prestarle atención a tus emociones y ellas te dirán si tienes una energía ligera o una energía densa (ya lo hemos visto en la escala emocional). También puedes observar la realidad que estás manifestando como consecuencia de la vibración que estás emanando. Si no le prestas atención a tus emociones, vas a tener manifestaciones externas que te van a decir cómo está tu vibración. Por ejemplo, si hoy estás de mal humor y no te das cuenta, acabarás encontrándote con una persona malhumorada que despertará esa emoción en ti. De modo que las manifestaciones externas y las emociones no son malas, son solo un indicativo de la vibración que estás emanando y te sirven como una señal de qué es lo que estás haciendo vibratoriamente.

Tienes la *capacidad de razonar,* y cuando se alinea con tu capacidad de decidir sobre lo que razonas, pone todo tu sistema a trabajar en la misma dirección. Tu capacidad de razonamiento es ilimitada, podrías estar preguntándote el porqué de las cosas eternamente. Y cuando tu razonamiento va dirigido a lo que deseas, tu coche ya tiene gasolina. Pero de esto hablaremos más adelante...

Además, para caminar hacia tus sueños conservas *todos los recursos del universo* para conseguirlo. Como hemos dicho antes, lo único que tienes que hacer es ser feliz para encontrarlos.

Posees la *capacidad de apreciar* y, por tanto, *de conocer*. Algo que me encanta compartir es que apreciar es conocer o por lo menos es el camino más rápido para lograrlo. Es difícil conocer algo que no aprecias. Acuérdate de que en el colegio, cuando tenías que memorizar una materia que no te gustaba, se producía una auténtica batalla campal en tu interior: por un lado, tu fuerza de voluntad que intentaba que la información se quedara grabada en tu memoria y, por otro lado, una parte de ti que luchaba por no prestar atención a una materia tan aburrida. Por el contrario, cuando una materia te apasionaba, no hacía falta esfuerzo porque la información se grababa sola. Por eso vamos a utilizar la apreciación para el autoconocimiento. Y es que cuando apreciamos segregamos dopamina[111], que por un lado nos hace sentir más felices y por otro activa los centros de aprendizaje en tu cerebro.

EJERCICIO

APRECIACIÓN PARA EL AUTOCONOCIMIENTO

Como apreciar nos ayuda a conocer, apreciarnos nos ayuda a conocer nuevas partes de nosotros. Voy a apreciarme a continuación, a ver qué descubro.

Qué aprecio de mí:

«Mi sensibilidad, mi frescura, mi salud, mi inteligencia, mi creatividad, mi armonía, mi potencial, mi compromiso con mis deseos, mi apertura, mi facilidad, mi ingenio, mi fuerza, mi imaginación, mi libertad, mi amor, mi capacidad de ver más allá, mi visión, mi intuición, mi empatía, mi valentía, mi consciencia, mi optimismo, mi abundancia, mi bondad, mi bienestar, mi independencia, mi fe, mi generosidad, mi capacidad de influencia, mi madurez, mi capacidad de liderazgo, mi modestia (jiji), mi originalidad, mi perseverancia, mi rapidez, mi satisfacción, mi profundidad, mi alegría, mi entusiasmo, mi tenacidad, mi capacidad de aprendizaje, mi adaptabilidad, mi potencia, mi sabiduría, mi coraje, mi sentido del humor...».

Es tu turno:

¿Qué aprecias de ti?

¿CÓMO GUIARTE EN EL CAMINO Y CONDUCIR MÁS EFICIENTEMENTE?

Ahora que ya tenemos el coche y el conductor, vamos a ver cómo puedes guiarte en este camino. Recuerda que también tienes un GPS, que son tus emociones. Igual que el GPS de tu coche te indica cómo llegar hacia tu destino, tu intención junto con tu sistema de guía emocional te van a llevar hacia eso que deseas.

Como ya comenté antes, al igual que el juego de frío-caliente, tus emociones más alineadas (las que te hacen sentir mejor) son las que te indican que te estás acercando a lo que deseas, y las menos alineadas (las que te hacen sentir peor) te muestran que te estás alejando. Es importante saber de qué emoción partes, para tener una referencia de la dirección hacia la que estás yendo. Si sientes miedo cuando piensas en un deseo, quiere decir que tus patrones de pensamiento te mantienen alejado de los pensamientos de la fuente que te guían hacia ese anhelo. A mayor miedo, mayor fuerza está aplicando la fuente para mostrarte el camino hacia ellos y también mayor es tu resistencia. Solo tienes que quitar la atención de ese tema por un tiempo y buscar uno que te haga sentir mejor, entonces suavizarás la resistencia y la fuente te propulsará para lograrlo. Si, por el contrario, cuando piensas en un sueño sientes satisfacción, quiere decir que te estás acercando hacia aquello que deseas. Si después sientes esperanza, te estás aproximando aún más. Si sientes ilusión, alegría, amor y conocimiento, quiere decir que cada vez estás más cerca de aquello que deseas.

De esta forma, si te sientes bien, quiere decir que eso que estás pensando o haciendo en este momento puede ser uno de los caminos para alcanzar tus deseos. Si no te sientes bien, lo único que quiere decir es que tu pensamiento puede ser mejorado. No quiere decir que la acción que estás empleando no sea correcta, sino que la perspectiva que estás tomando no está cien por cien alineada con la fuente. Es por eso que la acción no será la más productiva. Es posible también que tengas pensamientos que son incompatibles con esa acción por lo que estarías caminando en dos sentidos distintos. Lo que te recomiendo en ese caso es que ceses la acción por un momento y te centres en mejorar tu estado vibratorio. Cuando consigas alinearte, vuelves a emprender la acción inspirada.

Puedes mejorar tu pensamiento, alinearlo, puedes ponerlo a la altura de tu yo interior y así sentirte mucho mejor. Además, cuando sentirte bien es tu prioridad absoluta, todas las acciones son mucho más sencillas y productivas. Y no solo eso sino que tienes la inspiración de la fuente para actuar de la forma más rápida, productiva y beneficiosa para ti.

Mirándolo desde un punto de vista neurológico, nuestro cerebro tiene un GPS en la corteza parietal posterior[112]. Mientras recibe toda la información (y gran parte de ella la recibe de forma inconsciente) la combina con las expectativas y el conocimiento previo para tomar una decisión y así poder llevarte a tu objetivo. Y este mecanismo funciona sin que tú le tengas que prestar atención. Además, mantener tu atención en tu intención (lo que deseas conseguir) te ayuda a recordar acciones pasadas y sus consecuencias y así aprender nuevas asociaciones a largo plazo entre acción y efecto[113]. Mantenerte centrado en tu intención es mucho más efectivo que prestarle atención a lo que está sucediendo fuera. Y además, tu imaginación puede guiarte a llegar a tu objetivo, porque alimenta el GPS y facilita la acción.

CÓMO SER MÁS FELIZ EN EL CAMINO

Siempre vas a estar de camino hacia tus deseos porque una vez que consigues uno, aparece otro. Así que lo más inteligente que puedes hacer es disfrutar de todo el camino.

¿Por qué? Porque cuando llegues a tu destino, aparecerá otro al que ir, te lo aseguro. Por eso lo más importante es que seas feliz en todo el camino porque alcanzarás más rápido tus sueños, y vas a disfrutar mucho más mientras caminas hacia ellos que cuando los consigas. ¿Cómo lograrlo?

- Confía en que vas a llegar porque siempre llegas. Si miras tu vida en retrospectiva, te darás cuenta de que has conseguido aquello que deseas, de una forma u otra.
- Disfruta del paisaje, de todas las cosas agradables que tienes en el presente, que, aunque a veces te parezca que no, seguro que son muchas. Lo bueno de disfrutar de lo que tienes es que cuanto más lo practicas, más cosas agradables vas a encontrar para disfrutar. Y no tienen por qué ser cosas grandes porque hay muchos pequeños milagros en el día a día que podemos lograr. Por ejemplo: el agua caliente que sale de tu ducha, el olor de las sábanas limpias, la belleza de un amanecer, lo delicioso de la comida casera, la emoción que sientes cuando escuchas tu canción favorita... Estos son regalos que la vida tiene para ti todos los días, no hay que esperar a las vacaciones, puedes disfrutarlos ¡hoy! Eso te ayudará a ser feliz ¡ya! Además, cuando disfrutas de lo agradable que hay en el presente, estás generando esa vibración y estás permitiendo la entrada de más cosas agradables en el futuro, incluyendo tus deseos.

- Imagina cómo será tu destino. Ya sabes, solo si te hace sentir bien. Entrena tu mente imaginándote cómo te sentirás cuando encuentres a la pareja de tus sueños: cómo te sentirás cuando te regale algo por San Valentín, cuando te bese, cuando te abrace... Estás imaginando las emociones que sentirás cuando logres tus sueños y al hacerlo, esas emociones se despiertan en el presente, y la Ley de Atracción va atraer emociones parecidas. La manifestación física de esas emociones llegará después.
- Además puedes ser más dichoso en el camino si reconoces que donde estás hoy es donde una vez quisiste estar. Tus deseos del pasado son tu realidad presente. La única diferencia que puede haber es la brecha de tiempo que necesitas para transformar esos sueños en realidad. Acuérdate de cuando tenías 17 años y ni siquiera sabías qué hacer con tu vida, pero ya decías: «Me gustaría terminar de estudiar», «me gustaría ser independiente» o «me gustaría tener un trabajo». Poco a poco has ido consiguiendo varias de esas cosas.
- También vas a ser más feliz en el camino si aceptas tus emociones y manifestaciones no deseadas como indicadores de dirección y no como pruebas de tu falta de valor. Esto lo digo por experiencia propia. Cuando me siento mal porque algo no ha salido como yo esperaba, puedo pensar que soy un desastre y que por eso me siento así. Sin embargo, la perspectiva que decido tomar en esos casos es que me siento mal solo porque lo que estoy pensando no está de acuerdo con la fuente. Y me tranquilizo si pienso que en el momento que vuelva a estar más de acuerdo con la fuente, me sentiré mejor.

EJERCICIO

FELICIDAD TOTAL

Este ejercicio consiste en hacer dos listas: una, de aspectos de ti que te hacen feliz y otra, de cosas de tu vida que también te provocan felicidad.

Mi ejemplo:

«Me hace feliz de mí: mi tenacidad, mi sinceridad, mi sensibilidad, mi entusiasmo, mi capacidad de aprender, mi creatividad, mi optimismo, mi valentía, mi cuerpo sano y fuerte, mi conexión, mi sabiduría, mi apertura, mi alegría, mi consciencia, mi inteligencia, mi fuerza y mi brillantez.

»Me hace feliz de mi vida: la libertad que tengo de hacer lo que quiera, la gente que hay en mi vida, mi trabajo y lo que consigo con él, la posibilidad de crear cosas nuevas como este libro, pasar tiempo con la gente que quiero y las experiencias que disfruto en mi día a día. También me hace feliz la tremenda evolución que mi vida ha experimentado desde que encontré la Ley de Atracción, cómo voy consiguiendo lo que deseo de forma fácil y a veces sorprendente. Me hace feliz la vida exitosa que estoy creando con mis pensamientos felices».

Tu turno:

¿Qué te hace feliz de ti y de tu vida?

Si te gusta este ejercicio y lo adquieres como hábito todos los días, tu nivel de felicidad va a aumentar considerablemente. Yo lo hice en mi blog de 100 días felices; tú puedes inspirarte con el blog o buscar la excusa que quieras para centrarte en tu felicidad de hacerla crecer.

TODOS LOS CAMINOS LLEVAN A ROMA

Todos los caminos llevan a tus deseos. No importa cuántas vueltas des, ni lo largo que hagas el viaje porque todos acabarán llevándote a tus sueños. Antes o después, eso depende de ti, pero llegar, van a llegar. Una vez que sabes eso, te puedes calmar y confiar en que eso que esperas va a venir.

El mejor camino hacia tus deseos no es realmente el más corto, sino el más placentero. Porque lo que deseas de tus sueños es el proceso creativo que requiere lograrlos. Son una excelente excusa para conectarte con tu yo interior y dejarte llevar por él. Cuando disfrutas del camino, caminas de la mano de tu yo interior. Tú no te vas de viaje por Europa deseando llegar al destino final porque disfrutar del camino es el destino. Y así podrían ser nuestras vidas. ¿Y qué sucede si el camino se alarga un poco más? Que tienes más tiempo para disfrutarlo. Te dejo esta frase para que reflexiones: «El camino más rápido hacia tus sueños es aquel que cuando lo emprendes, ya has llegado». Interesante, ¿verdad?

Como te he comentado antes, con mayor o menor resistencia, siempre vas a lograr tus deseos, de una forma u otra. Además, si has tomado un camino equivocado es porque hay una expansión disponible para ti. Recuerda que después puedes volver al camino de menos resistencia y disfrutar de él con la expansión incluida. Como cuando estás haciendo turismo en una ciudad maravillosa y, al perderte, encuentras la plaza más bonita del mundo. Pues tu vida es esa ciudad maravillosa. Si pensabas que el trabajo de tus sueños era en una tienda de flores, pero después te das cuenta de que no lo era, ese camino en la floristería te ha generado una expansión maravillosa que disfrutarás y te dará la claridad que necesitas para conseguir lo que quieres. Has generado esa salida del camino de menos resistencia porque querías gozar de esa expansión.

Hay una frase de Abraham-Hicks que me encanta que es: «No te puedes equivocar y nunca lo llegas a concluir» (Mediterranean Cruise, 2019). Lo que quiere decir es que nunca vas a llegar a Roma, al destino final, así que no te puedes equivocar, puedes perderte todas las veces que quieras, que siempre terminarás encontrando el camino de menos resistencia estés donde estés.

El viaje nunca termina. Cuando llegas a Roma, te apetece ir a Venecia; cuando llegas a Venecia, te apetece ir a Florencia, después a Milán, Austria, Viena, Budapest... Cuando consigues el trabajo de tus sueños, quieres encontrar la pareja de tus sueños; cuando encuentras la pareja de tus sueños, quieres casarte; cuando te casas, quieres tener hijos; cuando tienes hijos, te das cuenta de que quieres encontrar la casa de tus sueños, y así durante toda tu vida. El hecho de continuar deseando es lo que nos mantiene vivos. Cuando deseas, la llama de la vida está encendida porque es el motor que te impulsa.

NO EXISTE BUENO NI MALO

Este es un gran aprendizaje. Tendemos a dividir todas las experiencias, personas y cosas en buenas y malas, y en nuestra mente solemos pensar que esta diferenciación es universal y eterna, siempre y para todos igual. Y no es así. Lo bueno y lo malo es simplemente una cuestión de perspectiva.

Existe una historia acerca de un viejo sabio que tenía un hijo y un caballo[114]. Un día, el caballo se escapó. Los vecinos se le acercaron sintiendo lástima y diciendo: «¡Es terrible, tu único caballo se escapó y ahora solamente tienes a tu hijo». El sabio siempre contestaba lo mismo: «¿Qué es bueno, qué es malo, quién sabe?».

Una semana después, el caballo regresó y con él venían otros doce, hermosos y salvajes. Los vecinos se emocionaron y corrieron hacia el viejo proclamando su buena fortuna: «Es tan maravilloso. Ahora tienes muchas posesiones». El viejo sabio respondió con la misma respuesta, encogiéndose de hombros: «¿Qué es bueno, qué es malo, quién sabe?».

El viejo sabio ordenó a su hijo que comenzara a entrenar a los caballos salvajes. Un día, cuando el hijo estaba montando un caballo, se cayó y se rompió ambas piernas. Cuando los vecinos se enteraron, llenos de lástima, le decían: «Qué horrible lo que le pasó a tu único hijo». El viejo sabio nuevamente se encogió de hombros y dijo: «¿Qué es bueno, qué es malo, quién sabe?».

Poco tiempo después, llegaron unos jinetes de una villa cercana buscando a todos los hombres físicamente capaces para ir a la guerra. Todos los hombres de la villa fueron a la guerra excepto el hijo del viejo sabio, quien tuvo que quedarse en la casa porque sus dos piernas rotas aún no habían sanado. ¿Fue bueno, fue malo?

Esta historia ilustra la relatividad de todo lo que sucede. Cuando quitamos la etiqueta de bueno o malo, somos capaces de ver con más objetividad y, por ende, podemos extraer la conclusión más beneficiosa para nosotros.

Lo que es bueno para uno puede ser malo para otro, o lo que es bueno para ti hoy puede no serlo mañana, así que no existe ese concepto universal de bueno y malo. Liberarte de él te hará la vida más fácil porque te dará más perspectiva, claridad y objetividad con respecto a lo que te sucede.

Lo que sí que existe es lo deseado y lo no deseado, lo cual es diferente para cada persona. Que a alguien le guste el rock duro no quiere decir que para otra persona no sea una pesadilla y le dé dolor de cabeza; el que a alguien le guste escalar montañas no quiere decir que a otra persona no le dé miedo y se le pare el corazón por el susto de estar a tanta altura.

Cuando te centras en lo que sí deseas y te sientes bien, tus emociones mejoran y tu vibración sube al nivel de tu yo interior. Eso quiere decir que tu yo interior está de acuerdo porque él solo le presta atención a lo que sí deseas. De esta forma, estás caminando en la misma dirección que tu yo interior.

Entonces, cuando te centras en lo que te gusta, estás usando todo tu potencial creativo, tienes toda la fuerza, la información y la sabiduría del universo a tu disposición, y eso hace que te sientas superfeliz.

Me parece que no hace falta que te cuente qué es lo que sucede cuando te diriges a lo que no deseas, porque lo que sucede es absolutamente lo contrario. No es que sea malo, es que no te hace sentir nada bien.

CONOCER EL TERRENO

Es importante que conozcas el terreno sobre el que estás conduciendo tu coche. El terreno es el universo, que es vibratorio y está basado en la atracción de lo semejante. Todo lo que existe en este universo es vibración. La vibración es la base de la materia. En esta materia hay múltiples tipos de vibración, desde la más densa hasta la más ligera, incluyendo todas sus variaciones intermedias.

En la naturaleza la vibración densa y la ligera están en perfecto equilibrio. Vibraciones del mismo tipo tienden a juntarse; cuando se juntan aumentan el impulso y generan un resultado tangible. Cuando siento alegría, esa vibración va a atraer más vibración de alegría, el impulso de la energía va a incrementarse y finalmente va a generar un resultado tangible, que es una manifestación física.

Te pongo un ejemplo. Mi pensamiento agradable en este momento es: «Qué maravilloso que hoy tengo el día libre». Este pensamiento atrae una vibración del mismo tipo y va a generar otro pensamiento parecido a través de la Ley de Atracción. El siguiente es: «Qué bien que puedo estar en mi casa tranquila con mis gatitos mientras hago lo que más me gusta». Si sigo en esa dirección, vendrán más pensamientos que están en el mismo nivel vibratorio de la alegría, como: «Tengo ganas de seguir con este capítulo, terminar el libro y que mucha gente pueda inspirarse e inspirar a otros».

La energía se va acelerando y me estoy acercando cada vez más a una acción alineada, por lo que esa vibración se convertirá en algo tangible. Tengo la motivación necesaria para escribir con alegría, por lo que las palabras fluyen más fácilmente y voy a disfrutar más de mi proceso creativo de escribir, lo que facilitará que se manifiesten mis deseos (los relacionados con este libro y también los que no lo están). Si, por ejemplo, ahora salgo a la calle, seguramente me encontraré con gente que me sonría, haré la compra con mayor facilidad o me toparé con cualquier otra manifestación que esté alineada con esa vibración, que se va a convertir en algo más tangible. Y, ¡sorpresa!, al hacer este ejercicio, he encontrado una posible inversora interesada en mi libro.

Como consecuencia de la Ley de Atracción, el universo siempre se expande porque todo se convierte en más: más alegría, más tristeza, más entusiasmo, más satisfacción, etcétera.

Lo semejante atrae lo semejante. La atracción de lo semejante genera un deseo de algo diferente, lo que atraerá algo más. Lo que generará un nuevo deseo..., y así sucesivamente.

Una vez que experimentas más de una cualidad, puedes definir si quieres más o menos de ella o si prefieres otra cualidad. Por ejemplo, yo siempre me he encontrado cómoda siendo muy extrovertida. Últimamente he conocido personas muy extrovertidas y me he dado cuenta de que puede ser beneficioso para mí conectarme un poco más con mi interior y ser algo más introvertida. Con esto ha cambiado mi punto de atracción, comenzaré a atraer personas distintas y quién sabe cuál será mi próxima preferencia después de mi interacción con ellas.

EJERCICIO

APRECIO CUALIDADES

Este ejercicio te dará una perspectiva sobre las cualidades que te gustan para poder atraer más de ellas y seguir expandiéndote de forma agradable. Se basa en el principio de que, cuando te centras en algo a nivel general, atraes ese tipo de vibración a tu experiencia. Poco a poco, de forma estable, esa vibración va adquiriendo impulso y acaba convirtiéndose en ideas y situaciones más específicas.

Me gusta...

«La transparencia, la autenticidad, la pasión, la armonía, la estabilidad, la calma, la abundancia, la libertad, la belleza, la inteligencia, la innovación, la conexión, la familiaridad, la aventura, la honestidad, la apertura, la inocencia, la colaboración, la inspiración, la vitalidad, la generosidad, la naturalidad, la facilidad, la alegría, ¡la felicidad!».

Y ahora tú:

Me gusta...

LA PERSPECTIVA GENERAL, *THE BIG PICTURE*

El universo, como hemos dicho anteriormente, está en constante expansión. Tú estás en la primera línea del pensamiento, lo que quiere decir que eres el que está aquí y decide dentro de este entorno de contraste qué es lo que te gusta y qué es lo que no te gusta. Como consecuencia de esto, el universo se expande porque siempre que encuentras algo que no te gusta, generas un deseo de lo que sí te gusta. Entonces el universo se convierte en ese deseo, y como ese deseo antes no existía, el universo crea esa nueva posibilidad y se enriquece.

Además, lideras desde tu perspectiva al resto del universo. Socialmente tendemos a pensar que el universo es algo superior a nosotros, que Dios es algo mayor, perfecto e inmutable. Cuando, desde esta perspectiva, es al contrario: tú estás liderando el resto del universo. Eres tú, en esta primera línea del pensamiento, quien decide en qué dirección se va a producir la expansión del universo. Porque tú eres el responsable de esta expansión con cada día que vives. Con cada experiencia no deseada vas a generar un deseo y entonces el universo se va a expandir. La decisión que has de tomar es si quieres disfrutar también de esa expansión o no; en caso de que no, las siguientes generaciones la disfrutarán por ti.

Eres necesario, valioso y único en este universo, tienes todo el apoyo y la ayuda que te imaginas a tu alrededor. Puedes disfrutarlo alineándote con la vibración de tu yo interior, simplemente sintiéndote bien y siendo feliz. Esta es la forma más productiva y beneficiosa de vivir tu experiencia.

¿QUIÉN CONDUCE EL COCHE?

Siempre conduces tú, aunque parezca que no lo haces. A veces la vida da un vuelco y crees que no eres tú quien está creando esa realidad, pero siempre eres tú quien lo hace desde algún nivel de tu ser. Cuando te das cuenta de que no hay ni bueno ni malo, que la vida solo sucede y que tú eliges la perspectiva que tomas sobre lo que sucede, aprendes a hacer surf en sus olas de la mejor forma posible. Cuando estás en la parte más baja de la escala emocional, te sientes con menos poder, pues parece que no tienes la responsabilidad de lo que ocurre, que todo funciona sin que tú tengas ningún protagonismo.

Cuando sientes que tú eres quien está conduciendo tu coche, cuando estás dirigiendo conscientemente tu vida, es porque estás en la parte alta de la escala emocional y has recuperado tu poder. Tienes el poder de decisión sobre tu vida cuando, además, estás disfrutando del viaje, del paisaje, de la compañía y de la música en tu coche. Es entonces cuando estás completamente conectado a tu fuente y has logrado en el presente lo que deseabas para el futuro.

Es más fácil responsabilizar a los demás cuando las cosas salen mal y enorgullecernos cuando han salido bien. Algo así como cuando íbamos al colegio y decíamos: «He aprobado el examen» o «Me han suspendido el examen». Sin embargo, siempre eres tú el que dirige la película de tu vida.

CÓMO USAR LA LEY DE ATRACCIÓN PARA ENCONTRAR EL CAMINO HACIA TUS DESEOS

Según Tony Robbins, «la repetición es la madre de todas las habilidades». Así que seguimos repitiendo conceptos para que los integres. La Ley de Atracción es una ley universal que dice que aquello que se asemeja se atrae. Tú puedes aplicar esta ley a tu favor vibrando (a través de tus pensamientos y emociones) en aquello que deseas, de esa forma atraerás la vibración del mismo tipo hasta que esta tenga el suficiente impulso para que tus deseos se conviertan en materia. Emito una vibración, esa vibración va a atraer una del mismo tipo, hasta que esa empieza a generar suficiente impulso como para convertirse en materia.

Puedes elegir tu vibración dirigiendo tus pensamientos a aquello que deseas y esperar a que el camino de menos resistencia se muestre ante ti y te lleve a la materialización de tus deseos. Tu capacidad de enfoque es tu mayor tesoro, puedes orientarte hacia aquello que deseas siempre. De esta forma tu experiencia va a tener mucho más de lo que deseas a nivel vibratorio y, finalmente, esos deseos se convertirán en realidad.

A veces tiendo a desear algo e intentar que ese sueño se manifieste con mi esfuerzo. Sin embargo, cuando no lo hago, sucede la magia. Hace unos años, quería hacer unos vídeos para YouTube para promocionar los nuevos talleres sobre la Ley de Atracción que estaba ofreciendo. No tenía tiempo para hacerlos, simplemente formulé el deseo. Hasta que sentí el impulso de preguntarles a unos clientes si conocían a alguien que me pudiera ayudar. Una alumna me dijo que su novio podía, ¡así de fácil! Cuando lo conocí y le expliqué lo que necesitaba, me dijo: «Lo siento, me encantaría, pero no puedo ayudarte, no sabría cómo hacerlo. De todas formas, sé que eres una experta en Ley de Atracción, ¿te apetecería venir al programa de televisión donde trabajo para hablar del tema?». Por supuesto, dije que sí. Aparecer en la televisión nacional española era mucho mejor que mi deseo inicial de hacer un vídeo para YouTube, y fue una experiencia superenriquecedora tanto a nivel personal como profesional. Lo importante de esta historia es que deseé sin ninguna resistencia, y no me forcé a actuar, me quedé alimentando el deseo hasta que la acción más alineada apareció.

«Si quieres ser feliz,
sé feliz».

Lev Tolstói

8

GASOLINA PARA TUS DESEOS

En este capítulo vas a descubrir por qué deseas lo que deseas, y cómo usar esas razones como gasolina para tus sueños. Descubrirás cuál es tu único objetivo, deseo y responsabilidad. Aprenderás a usar el coche, reconociendo el acelerador, el freno y la marcha atrás, y distinguirás cuándo estás usando uno u otro. Te argumentaré por qué has elegido el mejor libro del mundo. Aprenderás a diferenciar entre acción inspirada y acción forzada, y observarás qué consecuencias tiene aplicar una o la otra. También descubrirás cómo funciona la imaginación como vía de creación.

¿Estás listo? ¡Vamos allá!

¿POR QUÉ DESEAS LO QUE DESEAS?

Toda acción que realizas siempre tiene una finalidad y esa finalidad puede estar en el presente o en el futuro. Una frase de Abraham-Hicks[115] que refleja este concepto es que «todo lo que deseas, lo deseas porque piensas que te sentirás mejor cuando lo tengas». Todo aquello que deseas es un deseo porque piensas que te va a aportar felicidad, esperanza, ilusión, etcétera. No hay ninguna otra razón ni finalidad. Deseas lo que deseas simplemente para sentirte bien.

El deseo crea una expansión de tu realidad interna y externa. Deseas una expansión de tu vida porque quieres una expansión de tu ser. Anhelas convertirte en esa versión de ti que serás cuando tengas tu deseo. Por tanto, siempre que deseas algo tu ser se expande.

La lógica biológica nos ha dado esa tendencia natural de buscar siempre el bienestar como forma de supervivencia. Durante toda nuestra vida, vamos hacia aquello que nos hace sentir mejor y nos alejamos de lo que nos hace sentir peor. Esto asegura la supervivencia y la evolución de la especie. El bienestar existe donde está la expansión. La naturaleza es sabia y por eso nos hace perseguir aquello que nos hace sentir bien.

Cuando encuentras en el presente la emoción que el deseo te hará sentir en el futuro, se acortará la distancia hacia él. Y cuando dejas que la ausencia de tu deseo en el presente te haga sentir mal, aumentas la distancia hacia él. Por ejemplo, una persona que no tiene pareja y quiere tenerla, como no la tiene se puede sentir mal, sola, desatendida y poco querida. Son esas emociones las que están alejando a esa persona de conseguir la pareja de sus sueños. Imagina una persona que, sintiéndose mal, sola y poco querida, intenta conquistarte. Suena poco atractivo, ¿verdad? Así que el truco para conseguir pareja es sentirte en el presente como quieres sentirte en el futuro cuando la tengas: por ejemplo feliz, seguro, enamorado de la vida, etcétera. Imagina ahora una persona feliz, segura y enamorada de la vida que intenta conquistarte. Lo tiene más fácil, ¿verdad? Recuerdo que una alumna me comentó que, como no tenía pareja, al dormir usaba una almohada para que la «abrazara» y le hiciera sentir protegida y amada. Poco después encontró al hombre de sus sueños y viven una vida maravillosa en el campo. Estaba usando su imaginación para vibrar en el presente como quería sentirse en el futuro.

EJERCICIO

HACER PRESENTE LA EMOCIÓN FUTURA

Vamos a poner en práctica este punto ahora mismo. Este ejercicio consiste en escribir qué condición quieres cambiar de tu vida y preguntarte cómo te sentirás cuando lo consigas. Lo importante del ejercicio es que le tienes que dedicar muchísimas más palabras a cómo te sentirás que a lo que deseas cambiar. Al buscar en tu mente y nombrar qué emociones te harán sentir así, se comenzarán a activar en tu interior, empezarás a familiarizarte con ellas y te darás cuenta cuando algo te haga sentir así.

En el ejemplo de esa persona que está buscando pareja, cuando comience a activar las emociones de confianza y felicidad habrá activado su guía emocional en esa dirección. Se dará cuenta cuando una persona le haga sentir esas emociones, por lo que irá acercándose a las personas alineadas con su deseo. Y si en algún momento no se siente confiada y feliz, también se dará cuenta y podrá centrarse en sentirse mejor otra vez antes de intentar acercarse a alguna persona. Porque si mientras se siente infeliz y desconfiada atrae a alguien, puede que no sea la persona que realmente desea.

Un ejemplo:

«Quiero que mi centro funcione solo y a la perfección, que sea de gran valor para las personas que lo visitan y que dé una gran rentabilidad para poder seguir creciendo.

»Cómo me sentiré cuando lo consiga: Ilusionada, satisfecha, llena de vida, tranquila, confiada, abundante, completa, dichosa, fabulosa, feliz, contenta, emocionada, orgullosa, fuerte, segura, estable, ligera, creativa, divertida, entusiasmada, conectada, capaz, viva, libre, divina, exitosa, enraizada, conectada, apreciada, auténtica, agradecida, calmada, en paz, estable, vital, despreocupada, liberada, expectante, ¡apasionada!».

(Mensaje de Alicia desde el futuro: ¡deseo logrado!).

¡Ahora te toca a ti!

¿Qué deseas?

¿Cómo te sentirás cuando lo consigas?

¿CUÁL ES TU ÚNICO OBJETIVO, DESEO Y RESPONSABILIDAD?

Tu único objetivo, deseo y responsabilidad es ser feliz. Aunque ahora mismo te parezca que no es posible. Aunque tengas la sensación de que lo que estoy diciendo es una locura porque tienes muchísimas otras metas y responsabilidades, estas están ahí por y para tu felicidad.

Ya hemos visto con anterioridad que desees lo que desees lo quieres porque piensas que te va a ayudar a ser feliz en el futuro. Por eso tienes un único deseo en esencia: ser feliz. Lo único que necesitas hacer para avanzar hacia tus deseos y tus objetivos no es trabajar por ellos, sino ser feliz en el presente, y cuando lo consigas, actuar. Da igual que tengas objetivos complejos como una carrera, una pareja, una familia o mejorar tu estatus económico..., todo eso lo quieres porque piensas que vas a ser más feliz cuando lo consigas. No tiene sentido entonces que desees algo para ser feliz y que te sientas infeliz por el hecho de no tenerlo. No tiene sentido que quieras mejorar tu estatus económico porque pienses que eso te permitirá ser feliz en el futuro y que seas infeliz porque no lo tienes en este momento. Así que tu única responsabilidad es ser feliz ahora porque ese va a ser el primer paso para conseguir lo que anhelas.

¿CUÁL ES LA GASOLINA PARA TUS DESEOS?

O, en otras palabras, cuál es ese motor que te va a impulsar a lograrlos. Lo que te lleva a conseguir tus sueños no es el trabajo duro, no es el esfuerzo ni el sufrimiento. Si esto fuera así, las personas que trabajasen más duro serían las que más deseos cumplirían y parece ser que no es así, ¿verdad? Son las personas que trabajan más inteligentemente las que logran sus sueños. Una forma bastante inteligente de trabajar es alineándote con la totalidad de quien eres, usando todos tus recursos, todas tus herramientas, todo tu potencial y toda tu genialidad.

La apreciación es uno de los elementos que más te alinean con la totalidad de quien eres. Por tanto, la gasolina para tus deseos es tu apreciación.

Vamos a entrenar tu capacidad de apreciar un poco más. Comienza apreciando lo que tienes alrededor, cosas sencillas, y continúa el ejercicio con lo que te venga a la mente. La apreciación crece como una bola de nieve a medida que la practicamos, cada vez se vuelve más detallada y específica. Como una avalancha.

«Aprecio la temperatura perfecta que hay, los sonidos de la naturaleza a mi alrededor, el viento en mi cara, mi respiración, mi capacidad de apreciar porque me hace sentir bien, las sensaciones en mi cuerpo, mis pensamientos, el verdor de este jardín, la variedad que hay en este mundo, lo grande que es, y aunque es grande, es manejable y siento que puedo recorrerlo. Aprecio que el mundo me muestre mi grandeza, tener amigos por todas partes y todos los años de mi vida que me han llevado a conocer a personas tan maravillosas. Aprecio que ahora he conectado contigo, que volveremos a conectar y que mi lista de amigos está creciendo radicalmente con este libro».

Y ahora, ¡es tu turno!

Deja que la apreciación crezca como una bola de nieve.

ACELERADOR, FRENO Y MARCHA ATRÁS PARA TUS DESEOS

Tu coche se acelera por sí solo en la dirección de tus deseos cuando le echas la gasolina de la apreciación. Acabas de descubrir, en el capítulo anterior, cómo el impulso de la energía crece a medida que le prestas atención a algo. Cuando le prestas atención a lo que deseas, el impulso crece, encuentras nuevos detalles que apreciar y tu coche se va acelerando.

Un pensamiento general de apreciación genera una vibración que te hace atraer otro pensamiento parecido. A medida que te mantienes en esa vibración, atraes pensamientos con más impulso, por lo que son más específicos. Puedes comenzar pensando: «Me gusta la tranquilidad», y acabar con: «Me gusta estar en silencio y sola en casa». Ambos pensamientos tienen impulsos distintos. El primero es más general, por lo que tiene menos impulso, y el segundo es más específico, por lo que tiene más impulso.

Lo mismo sucede con los pensamientos generales de rechazo, van aumentando el impulso y se van haciendo más específicos. No es lo mismo pensar «No me gusta el verano» que «Odio el calor pegajoso en verano y los mosquitos». Cuanto más específico es el pensamiento, más intensa será la reacción, agradable o desagradable, que te produce.

El mejor tipo de pensamiento para conseguir lo que deseas es el pensamiento alineado específico. El pensamiento que más te aleja de lo que deseas es el pensamiento resistente específico. Lo que sucede es que un pensamiento positivo específico tiene más posibilidades de despertarte resistencia que un pensamiento general. Si digo: «Me gusta estar en silencio y sola en casa», es tan específico que puedo despertar una resistencia que haga que el siguiente pensamiento sea: «Pero ahora tengo que aguantar al ruidoso del vecino». Este doble pensamiento específico alineado y resistente equivale a dar marcha adelante a tu coche e inmediatamente poner la marcha atrás. Genera muchísima tensión y no queremos generar más tensión, así que lo mejor será frenar en seco y comenzar a acelerar el coche despacito. Lo que quiere decir que vamos a respirar unos segundos, a comenzar con un pensamiento alineado y general, esperar a que poco a poco los pensamientos vayan ganando impulso y se vayan haciendo más específicos. Para esto he creado una herramienta que trabaja la estabilidad del pensamiento.

EJERCICIO

ESTABILIDAD DE PENSAMIENTO

Para comenzar este ejercicio solo tienes que pensar en el pensamiento más alineado y más sencillo que se te ocurra, el que te haga sentir mejor. En mi caso casi siempre funciona la «calma». Es un pensamiento sencillo y general con el que no tengo mucha resistencia. Me quedo en ese pensamiento hasta que aparezca en mi mente el siguiente. El siguiente es bastante sencillo también, «respiración». El que viene después se va haciendo más específico, «siempre puedo encontrar la calma en mi respiración». Luego el pensamiento que me ha aparecido es: «Cuando estoy estresada no hay respiración que me calme», y me ha despertado una sensación de estrés y tensión. Entonces lo siguiente que se me ocurre es convencerme de que puedo lograrlo, pero eso generaría más tensión. Así que voy a pisar el freno, comenzar e ir acelerando despacito. Vuelvo con el primer pensamiento. Calma. Respiración. Le añado satisfacción. Plenitud por respirar. Abundancia inmensa de aire. Confianza de que siempre hay más aire a mi disposición.

Cuando ya he practicado un pensamiento, me resulta más sencillo volver a hacerlo. Puedo trabajar en calma. Puedo practicar estos pensamientos para que me ayuden cuando vuelva a mi vida diaria. He entrenado mucho la calma estos días, así que está grabada en mis células. Ya no soy la misma, así que no tienen por qué pasarme las mismas cosas. El estrés es algo interno que yo creo o puedo dejar de crear. Soy capaz de crear calma en mi vida. Desde ahí seré más productiva y tendré más tiempo para mí. Sé que tengo un nuevo superpoder.

He conseguido superar ese primer pensamiento resistente sin intentar solucionarlo, solo frenando, empezando de cero y despacito. Le he dedicado más tiempo a pensamientos generales y he creado el impulso necesario para encontrar la solución al estrés, sin buscarla.

A continuación tienes una imagen de cómo se construiría la pirámide de pensamiento. He comenzado a construir la pirámide desde la base y de ahí hacia arriba.

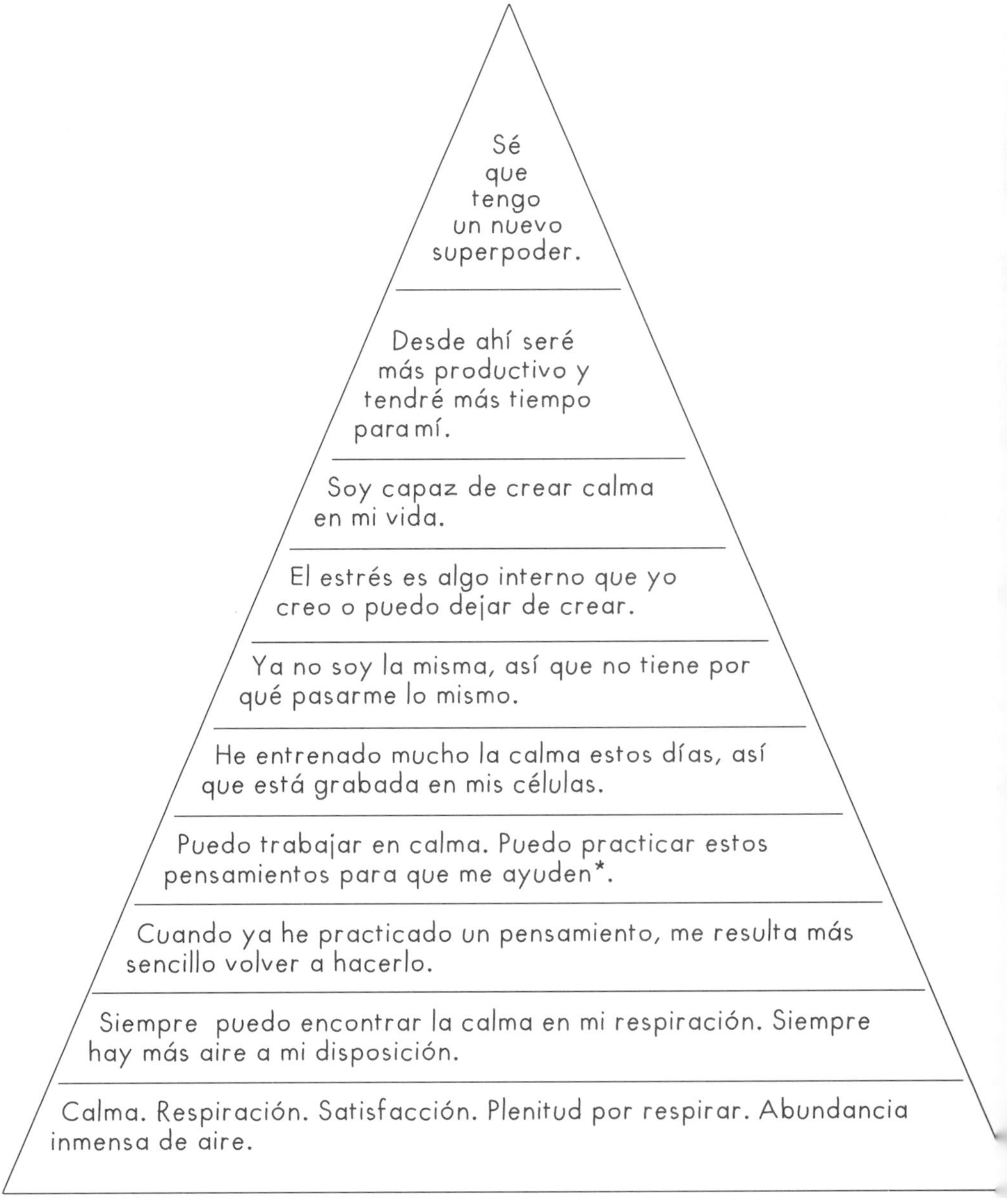

Sé que tengo un nuevo superpoder.

Desde ahí seré más productivo y tendré más tiempo para mí.

Soy capaz de crear calma en mi vida.

El estrés es algo interno que yo creo o puedo dejar de crear.

Ya no soy la misma, así que no tiene por qué pasarme lo mismo.

He entrenado mucho la calma estos días, así que está grabada en mis células.

Puedo trabajar en calma. Puedo practicar estos pensamientos para que me ayuden*.

Cuando ya he practicado un pensamiento, me resulta más sencillo volver a hacerlo.

Siempre puedo encontrar la calma en mi respiración. Siempre hay más aire a mi disposición.

Calma. Respiración. Satisfacción. Plenitud por respirar. Abundancia inmensa de aire.

En el momento que me he encontrado con un pensamiento que me ha generado tensión, he puesto un asterisco y he vuelto a la base. He continuado hacia arriba generando pensamientos cada vez más específicos y alineados.

Es tu turno:

En la parte más baja del triángulo escribe tu primer pensamiento alineado y general. Esperas a que venga el siguiente y lo colocas en la línea superior. Así sucesivamente hasta que si te surge algún pensamiento resistente (que no te hace sentir bien), pones un asterisco al lado y vuelves a activar el pensamiento desde abajo, incluyendo nuevos pensamientos en la base.

Sigue este proceso hasta que llegues a la parte superior del triángulo. Sin darte cuenta, irás haciendo puentes sobre los pensamientos resistentes, creando una base de pensamiento general y positivo tan grande que será muy difícil que salgas de ahí.

Este es un ejercicio que practico a menudo con excelentes resultados. Al principio necesitaba papel y bolígrafo y, con el tiempo y la práctica, me he dado cuenta de que lo puedo hacer mentalmente cuando tengo un rato libre. Cuando aparece un pensamiento resistente, en vez de luchar contra él lo olvido y voy hacia un pensamiento positivo y general. Así construyo la pirámide estable de mi pensamiento.

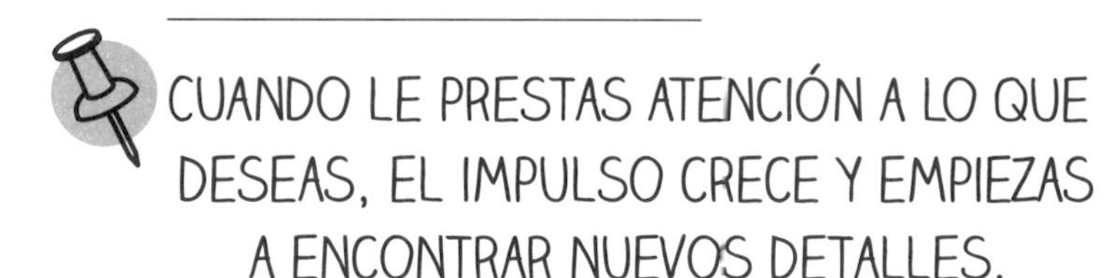

ESTABILIDAD DE PENSAMIENTO

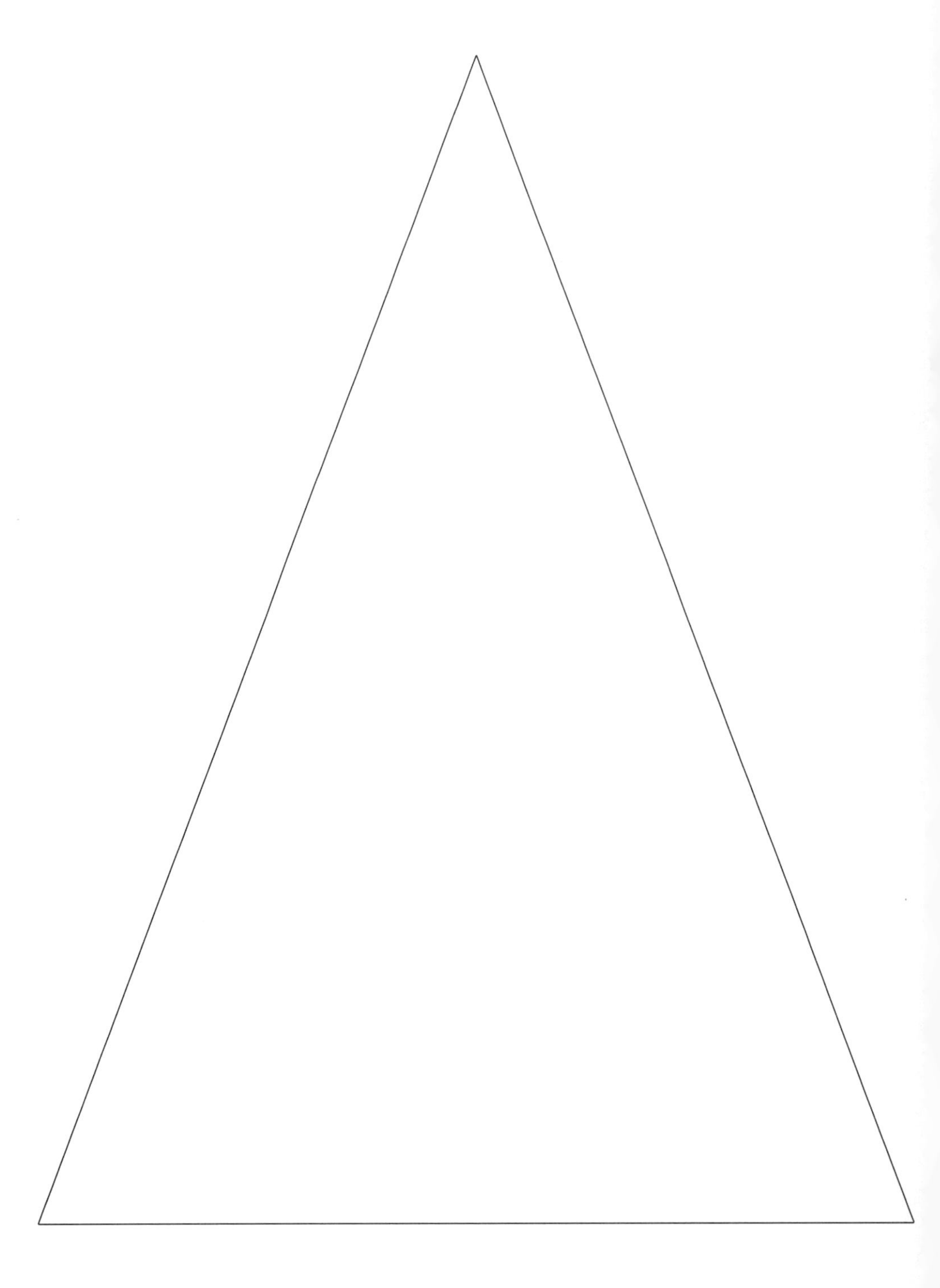

¿CÓMO SABER SI VAS MARCHA ATRÁS O HACIA DELANTE?

Las que determinan la dirección en la que va tu coche (si te diriges hacia tus deseos o en sentido contrario) son tus emociones. Tus emociones te van a indicar cuál es la dirección de tus pensamientos y, lo más importante, van a mostrarte si lo que piensas va en la dirección de tus deseos.

¿POR QUÉ HAS ELEGIDO EL MEJOR LIBRO DEL MUNDO?

Porque al leerlo *estás entrenando tu músculo de la felicidad*. Estás practicando todos aquellos pensamientos que te hacen ser más feliz. Y cuando tienes una estructura estable de pensamiento feliz, mejora tu percepción de la vida. Y cuando mejora tu percepción, estás más abierto a posibilidades de mejora. Y cuando estás más abierto a posibilidades, estas llegan a ti. Y cuando las posibilidades de mejora llegan a ti, tu vida mejora. Y cuando tu vida mejora, eres más feliz. Y cuando eres más feliz, tienes más pensamientos felices. Y así una y otra vez, entras en este círculo virtuoso de la felicidad.

Porque el modo «solución de problemas» no funciona de la misma manera en la que aprende tu cerebro. Tu cerebro aprende solo por inclusión[116]. Aquello a lo que le prestas la atención suficiente está fortaleciendo una red neuronal que se hace más estable, más practicada y más rápida. Cuando nos centramos en los errores, estamos fortaleciendo esa red neuronal y lo único que logramos es repetirlos. Así que se ha descubierto que el cerebro solo aprende con los aciertos, con lo que funciona, con lo que te gusta y con lo que te hace feliz. Lo demostró un estudio con monos realizado por el Instituto de Tecnología de Massachusetts en el que comprobaron que cuando había éxito, las células se ajustaban mejor a lo que el animal estaba aprendiendo, y cuando había fallo, las células apenas cambiaban y el comportamiento tampoco.

Por eso este libro *lo escribes tú,* porque yo no puedo pensar por ti. Solo tú puedes crear pensamientos felices y con ellos entrenar tu músculo de la felicidad. Me hace ilusión pensar que, a estas alturas del libro, tu felicidad debe estar mucho más fuerte.

Sacrificar tu felicidad ahora para ser feliz mañana no funciona. Yo tuve una profesora que decía que tal como hacemos una cosa, hacemos todas. Si te estás sacrificando hoy para conseguir algo, lo más probable es que mañana, cuando lo consigas, sigas sacrificándote por otra cosa.

Yo me compré mi casa sobre plano esperando sentirme feliz cuando la tuviera, así que durante un par de años estuve pagando una cantidad alta de dinero que me suponía un gran sacrificio. Me acuerdo de la sensación tan enorme de vacío que sentí cuando me la dieron porque esperaba la felicidad y no la conseguía. Incluso me acuerdo de que necesitaba algo nuevo por lo que sacrificarme, así que me puse a construir yo sola un arco para una puerta sin tener conocimientos de albañilería. Menos mal que mis padres me ayudaron a terminarlo y que poco a poco logré quitarme esa necesidad de sacrificio. ¡Ya no me queda casi nada!

Este es el mejor libro del mundo porque *te ayuda a ganar perspectiva sobre tu felicidad.* Si miras tu vida actual y ves que a veces no te sientes pleno, ¿qué pensarían las personas que habitaban este planeta hace cien años si te vieran con agua caliente en casa, con Internet, con calefacción, con una aspiradora que limpia sola el suelo de tu casa y con todos los avances de los que disfrutas en tu día a día? Pensarían: «Tienen que ser felices porque lo tienen todo». Sin embargo, a veces no eres feliz con todas esas comodidades porque lo que te hace feliz no son las cosas, sino tu propia decisión de serlo. Y esa es una decisión que hay que tomar todos los días. El camino hacia una vida feliz consiste en *Ser feliz ¡ya!*, lograrla ahora y hacer cualquier cosa que necesites para ser un poquito más feliz en este momento. Con todo lo que tienes e incluso con lo que te falta, puedes ser feliz ya.

ACCIÓN INSPIRADA *VERSUS* ACCIÓN FORZADA

Esta comparación es el equivalente de conducir tu coche usando solo la primera marcha o usándolas todas. O poner un tornillo solo con tus manos o usando un destornillador.

La acción inspirada es la forma de actuar más efectiva, productiva y, además, satisfactoria. Cuando te sientes más feliz, tus capacidades se agudizan, eres más rápido, más convincente y más productivo. Lo que los deportistas llaman «estar en racha» o *be in the zone* en inglés. Así que una de las claves de la acción inspirada es la felicidad. Para encontrar la acción inspirada solo necesitas parar, alinearte, hacer el trabajo en tu mente, crear eso que deseas en tu pensamiento y esperar al deseo irrefrenable de actuar. Eso es una acción inspirada.

Mi proceso de alineamiento cada mañana consiste en meditar, después hago un ejercicio de entrenamiento de mi pensamiento (ya te he enseñado varios en este libro) y entonces le pido a mi yo interior que me haga una lista de acciones inspiradas para el día. Le solicito básicamente que me ponga tareas, ¡y a veces me pone muchas! Lo bueno es que en el momento en que las voy haciendo, no noto que gaste energía porque no las realizo desde el esfuerzo; ejecutar esas acciones me da más energía, alegría y recursos para llevar a cabo la acción siguiente.

Por tanto, lo que te recomiendo es que te tomes un tiempo para alinearte antes de emprender cualquier acción. Y ahora sé que lo que estás pensando es que no tienes tiempo de alinearte, ¿verdad? Lo sé porque yo también me lo digo. Pues lo que no tienes es tiempo de no alinearte, no tienes tiempo de actuar sin inteligencia, no tienes tiempo de esforzarte y no tienes tiempo de no ser feliz. Alinearte vibratoriamente antes de actuar te va a ahorrar mucho tiempo. Porque cuando lo haces, te estás asegurando de que tu parte mental, emocional y física vayan en la misma dirección. Imagínate que intentas hacer algo cuando tu pensamiento está queriendo ir en otra dirección y tu emoción en otra, no puedes llegar a ningún lado porque todo tu ser está dividido, estás caminando en distintas direcciones. Imagínate, por el contrario, que tu pensamiento, tus emociones y tu cuerpo van en la misma dirección, no hay quien te pare.

Acuérdate cuando tienes que realizar una tarea en tu trabajo, pero no quieres hacerla porque no encaja con tus valores. Emoción, pensamiento y acción van en direcciones distintas. Por el contrario, cuando has hecho algo en tu trabajo que te encanta y encaja con tus valores, todas las partes de tu ser van en la misma dirección y eres mucho más productivo y creativo.

Realmente no quieres hacer algo cuando tus emociones y tus pensamientos no están de acuerdo. Además no es necesario parar mucho tiempo, con un par de minutos antes de actuar es suficiente para alinearte. Un momento para respirar, colocarte y alinear tu mente con lo que tienes que hacer es suficiente.

¿CUÁL ES LA IMPORTANCIA DE LA IMAGINACIÓN COMO VÍA DE CREACIÓN?

Una muy buena forma de crear tu vida es a través de la imaginación. Si puedes imaginarlo es porque puedes crearlo. Lo que sucede es que a veces nos olvidamos de imaginar porque estamos demasiado pendientes de la realidad. Nos centramos en lo que existe ahora y pensamos que no hay más opciones. Creemos que tenemos los recursos que tenemos y que no hay posibilidad de que mañana aumente la cantidad de recursos.

La imaginación te saca de este bucle, te ayuda a pensar que mañana todo puede ser distinto, que quizá recibas una oferta de trabajo o encuentres una persona que te ayude. Esto es ser poco razonable, ¿verdad? Cuando piensas que las cosas pueden cambiar, quiere decir que no estás siguiendo la lógica de la razón. Ser razonable es responder a las condiciones existentes, y si quieres crear tu vida más allá de las condiciones actuales, tienes que ser muy poco razonable. Te recomiendo que juegues con tu imaginación porque eso te abrirá nuevas posibilidades y activará en el presente la vibración que deseas activar en el futuro.

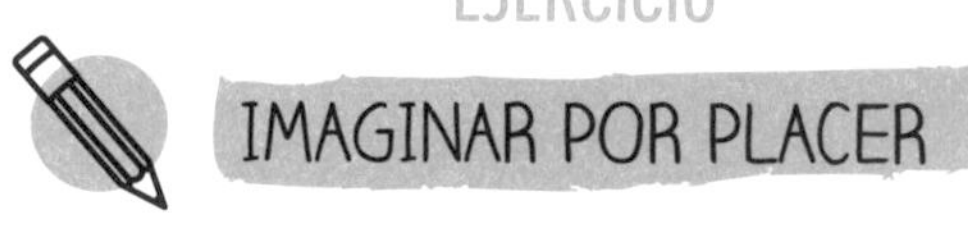

EJERCICIO
IMAGINAR POR PLACER

Puedes imaginar por placer. Eso te asegurará el éxito. En algunas ocasiones he hecho este ejercicio con el firme propósito de manifestar algo y mientras lo estaba haciendo, abría el ojo para ver si se había manifestado. Como no lo lograba, me frustraba y no disfrutaba de la visualización. Y, por supuesto, no conseguía atraer lo que me había propuesto.

Si lo hago por el placer de imaginar, se me ocurre pensar en una playa paradisiaca de agua turquesa. Estoy viendo el atardecer en Tulum, México. Hay una delicada brisa que me acaricia y la arena es blanca y suave. Estoy celebrando un gran éxito junto a mi amor. Tengo la sensación de haberlo logrado. Estoy satisfecha. Tengo el corazón repleto porque sé que muchísima gente está aprendiendo a ser feliz. Me siento orgullosa de mi trabajo. Me doy cuenta de lo sencillo que ha sido y lo beneficiosa que ha resultado la experiencia de escribir mi primer libro. Muchas personas han conectado ya conmigo para contarme sus éxitos. Yo me muero de ilusión porque los reconozco también como míos. Además, me encanta tener la seguridad de que esos éxitos no se acabarán ahí, que inspirarán a más personas y traerán más felicidad a este planeta. Tengo la seguridad de que una nueva forma de vivir es posible y estamos aprendiendo a practicarla.

Ahora es tu turno:

Visualiza primero el entorno, uno en el que te sientas cómodo y feliz, y deja que el resto de imágenes te vaya sorprendiendo. Puedes hacerlo por escrito o con los ojos cerrados, pero no te olvides de escribirlo después para que quede grabado en tu libro de la felicidad y puedas recordarlo más adelante.

EL HOMBRE INSENSATO BUSCA LA FELICIDAD EN LA DISTANCIA. EL SABIO LA ENCUENTRA BAJO SUS PIES.

JAMES OPPENHEIM

9

TELETRANSPORTE HACIA TUS DESEOS

En este capítulo aprenderás a teletransportarte hacia tus deseos, mientras te centras en crear todo aquello que deseas y lo haces desde el presente. Descubrirás que utilizar las herramientas que te propongo es divertido, pero ya sabes que si lo que de verdad quieres es lograr efectos a largo plazo, es conveniente que las integres en tu rutina diaria.

Lo que te sugiero para convertir esta práctica en un hábito es repasarlas y comprender el funcionamiento de cada una dependiendo de cuáles son las que se adecuan mejor a ti, las que más resultados te han dado. De este modo aprenderás a diseñar tus propias rutinas de felicidad y a construir un botiquín de emergencia emocional por si las circunstancias de tu día a día cambian y te generan malestar, así podrás volver siempre que lo necesites a tu estado de felicidad.

Y también diseñarás la forma de premiarte por ser feliz y afianzar de este modo las rutinas que has establecido para ti.

¡Empezamos!

¡TELETRANSPÓRTATE! PUEDES CREAR LO QUE DESEAS Y DISFRUTARLO YA

Los deseos son la consecuencia instantánea del contraste. Siempre que experimentas algo que no deseas, surge una aspiración. Puede suceder que no seas consciente de ese deseo en ese mismo instante, porque cuando estás en el problema no tienes acceso a la solución. Cuando te alejas temporalmente del problema porque te das una ducha o sales a pasear, te alineas con la totalidad de quien eres y recibes en tu mente ese deseo. Esa es la primera manifestación que indica que la consecución de ese deseo está en camino y que puede llegar ahora.

Deseas lo que deseas porque quieres convertirte en la versión de ti mismo que ya lo ha conseguido. En el momento en que deseas algo, tu yo interior se ha convertido en esa versión de ti mismo. Como tú y tu yo interior sois lo mismo, puedes teletransportarte al nivel vibratorio de tu yo interior donde ya eres esa versión. La buena noticia es que puedes convertirte en esa versión de ti mismo ya, en este preciso instante. Puedes sentirte como se sentirá esa persona que ya lo tiene, pensar como piensa, vestir como viste, comunicarte como se comunica. En ese instante estás conectándote plenamente a tu yo interior, usando tu deseo como excusa. Este es el verdadero teletransporte hacia tus deseos, ya que puedes conseguirlo en este preciso momento, puedes convertirte en esa persona ahora mismo con el poder de tu imaginación.

Así que deseo y consecución del deseo suceden a la vez. Desear y lograr están pasando en el mismo momento. Te sientes tan bien que el camino aparece bajo tus pies. Cuando practicas estas herramientas, tu vida se vuelve tan fácil que de repente recibes deseos que ni siquiera eras consciente de tener. La vida te sorprende y te agrada a cada paso de tu camino.

El otro día caminaba por Den Bosch, Holanda, con una amiga, y estaba feliz disfrutando de la belleza de la ciudad, del sol y de la libertad que experimento en mi vida, como si estuviera siempre de vacaciones. Entonces, en una plaza nos encontramos con un stand donde regalaban latas de un nuevo producto de té frío con hierbabuena. Ahí me di cuenta de que tenía una sed enorme. Ni siquiera había sido consciente de que tenía sed porque estaba demasiado ocupada disfrutando de la ciudad. Y la consecución de mi deseo sucedió antes de que fuera consciente de él. Estaba viendo cómo una chica encantadora me regalaba una lata fresquita de té helado antes de haberme dado cuenta de que tenía sed. Disfruté de la expansión sin haberle prestado atención al contraste. Eso es el teletransporte hacia tus deseos.

¿Y qué te ayudará en el teletransporte hacia tus deseos? No tengo ninguna herramienta mágica que te ayude a lograr este superpoder. Lo que te va a ayudar es hacer realidad el título de este libro, que seas feliz ya, que integres y practiques las herramientas que has aprendido en estas páginas. Cada una de esas herramientas tiene un efecto en ti. Por eso es importante que te familiarices con ellas, con el efecto que tienen, y que descubras esos diferentes matices que aportan a tu felicidad para que sepas en qué momento aplicarlas.

¡Por supuesto que no es suficiente con hacerlas una vez! Además, ¿no te has sentido maravillosamente cuando las has practicado? ¿No te gustaría disfrutar de un spa vibratorio todos los días? Pues está a tu disposición con el poder de tu enfoque y con todas las herramientas que has aprendido. No te preocupes por el tiempo porque vamos a diseñar un plan.

Así que ahora te recomiendo que releas todo lo que has escrito en tu libro de la felicidad, revises todas las herramientas y te hagas una lista con las cinco que más te han gustado y más te han servido para mejorar tu estado de felicidad.

DISFRUTA LA RUTA

Cuando planeas tus vacaciones, tu intención es disfrutar de ellas al máximo, ¿verdad? Planeas ir a los lugares más bonitos en la mejor temporada, eliges a los mejores acompañantes, el mejor medio de transporte, etcétera. Cuando ya han llegado esos esperados días de descanso, eliges la ropa más cómoda para disfrutar de ellos, comer en el mejor restaurante que puedas y te centras en cada detalle que te aporta el lugar. Pues en las próximas páginas vas a hacer lo mismo para tu día a día.

¿Por qué «gastamos» toda nuestra capacidad de disfrutar en las vacaciones? Hace unos años, en Madrid, caminaba con prisa por la calle con la mirada fija en el suelo, me daba cuenta de que los turistas sonreían, mirando a todos lados, disfrutando a cada paso y celebrando el lugar que estaban visitando. Reconocía esa sensación que se experimenta cuando se está de vacaciones. Así que decidí ser turista para siempre; sin importar cuántas veces había caminado por una calle, iba a seguir disfrutando de su belleza, buscando detalles que me habían pasado desapercibidos el día anterior. Y a día de hoy, en mi vida entre dos países soy más turista que nunca, porque parte del tiempo estoy en un lugar que todavía me resulta nuevo y en el que voy en bicicleta (que siempre me ha recordado al verano). Cuando vuelvo a España, me siento de vacaciones reencontrándome con esos lugares a los que tengo tanto cariño.

Las páginas siguientes te van a ayudar a que planees tu vida de la misma forma hedonista que planeas tus vacaciones.

EJERCICIO

TOP CINCO HERRAMIENTAS FELICES

Vas a crear tus propias rutinas de felicidad e integrarlas en tu día a día. Será algo que, lejos de ser una obligación, se va a convertir en un placer ya que será tu momento de conexión contigo mismo. Ese instante en el que te cuidas y te mimas. Porque te lo mereces. Porque quieres ser feliz. Yo cada mañana realizo una rutina maravillosa que me ayuda a establecer el tono vibratorio del día. El nivel de felicidad que establezco a primera hora de la mañana crea la base de lo que va a suceder el resto de la jornada, así que me resulta tremendamente útil dedicarle un tiempo a ponerme mi *traje vibratorio de felicidad*.

Lo que hago, en cuanto me despierto, es quedarme disfrutando de la cama los minutos necesarios para sentirme bien. Aprecio la comodidad de mi cama, los sonidos que me rodean, las sensaciones agradables que aparecen en mi cuerpo, etcétera. Nunca me levanto de la cama si no me siento bien, y este sencillo ejercicio de apreciación me ayuda a hacerlo fácilmente. Si tengo que salir de casa a una hora determinada, me aseguro de despertarme un poco antes y hacer este proceso más rápido. Mi norma es que nunca me levanto sin sentirme bien. Si resulta de tu agrado, te la recomiendo, ya que esta norma me ha ayudado muchísimo en mi felicidad y mi éxito.

Después hago quince minutos de yoga para alinear mi cuerpo y, a continuación, hago quince minutos de meditación concentrándome en mi respiración. Con estos procesos ya tengo mi cuerpo alineado y mi mente en calma.

Lo siguiente es acelerar esa vibración positiva con uno o varios procesos, dependiendo de cómo me sienta o de la dirección en la que quiera expandir mi vida en ese momento. En este libro te he enseñado un buen número de procesos, y hay muchos más. Incluso puedes inventarte los tuyos propios porque la única premisa es que te hagan sentir bien.

Esto es lo que hago yo, te lo cuento para que te inspires y adaptes lo que necesites a tus propias rutinas de felicidad. Puedes buscar un paréntesis en el que te sientas cómodo, en el que practicar estas herramientas te resulte sencillo y agradable. Yo te recomiendo hacerlo a primera hora de la mañana para que crees el patrón vibratorio de felicidad que deseas que crezca el resto del día. Sin embargo, es mejor que las hagas adaptándolas a tu cotidianidad que no hacerlas.

Vas a comenzar practicando cada mañana una de esas cinco herramientas que más te han gustado y siempre tendrás tiempo de volver a elegir otras cinco más.

¿Cuáles han sido tus cinco favoritas?

También puedes hacer una lista de todas las herramientas organizándolas por los efectos que tienen en ti: las que te ayudan a centrarte en un objetivo específico, las que te ayudan a salir de una situación de contraste, las que te divierten más, las que estabilizan tu pensamiento, etcétera.

EJERCICIO

CLASIFICACIÓN DE HERRAMIENTAS

Conseguir deseos

Son esas herramientas que te ayudan a definir y lograr lo que realmente quieres, las que encienden mejor la chispa de tus deseos.

Salir del contraste

Son las que te calman, suavizan tu pensamiento y te pueden ayudar a sentirte mejor cuando experimentas algo no deseado.

Divertidas

Las que te hacen disfrutar, no tienen ninguna otra finalidad más allá que hacértelo pasar bien.

Obtener información

Las que te generan nuevas ideas o dan respuesta a tus preguntas.

Crear nuevos deseos

Las herramientas que te ayudan a descubrir lo que realmente deseas y te abren la mente a nuevas posibilidades de deseos.

Estabilidad

Estas te ayudan a aumentar el equilibrio de tu pensamiento.

Otras

Además conviene que tengas un cuaderno de ideas cerca porque te aseguro que durante la práctica de estas rutinas de felicidad te surgirán ideas que querrás recordar después. Así que anotarlas todas en un cuaderno te facilitará el acceso a ellas y llevarlas a la práctica en el futuro.

Lo sé por experiencia. Cuando estoy haciendo estas herramientas, me surgen ideas maravillosas porque estoy completamente conectada y alineada con mi fuente. Se me ocurren soluciones a problemas, nuevos proyectos, mejores formas de colaboración... ¡Ya verás todo lo que descubres cuando te alineas con tu fuente!

Como te comentaba antes, no es suficiente con hacer estos ejercicios una vez. Si realmente deseas lograr mejoras a largo plazo en tu nivel de satisfacción y felicidad, has de considerar la importancia de adquirir un hábito con las herramientas. Piensa en cuidar tu mente de la misma forma que cuidas tu cuerpo. Aunque no le dediques mucho tiempo al día a tu cuerpo, al menos te cepillas el pelo, te lavas la cara, te duchas y te pones crema, ¿verdad? Pues es igual de importante que le dediques un tiempo a cuidar tu mente y tus emociones, porque se pueden ver influidas por información del exterior que no sea beneficiosa.

Por ejemplo, si vas por la calle y sin querer pisas un excremento de perro, en cuanto te das cuenta te paras y lo limpias porque no te gusta tener eso ahí pegado, ¿verdad? Pero tampoco te pasas toda la semana dándole vueltas al asunto, o mirando el zapato desde todas las perspectivas posibles. Si en vez de un excremento de perro, lo que te encuentras es una conversación con un compañero de trabajo que te hace sentir mal, lo lógico sería hacer lo mismo. Te paras, respiras, limpias lo que no necesitas (igual que en el ejemplo anterior) y lo dejas ir. No tiene ningún sentido quedarte sin hacer nada y continuar con esa mala sensación todo el día, o darle mil vueltas a la conversación.

Por eso es importante que aprendas distintas formas de limpiar tu mente y tus emociones igual que limpias tus zapatos y técnicas que te ayuden a prestar atención para pisar donde quieres pisar.

EJERCICIO

DISEÑAR RUTINAS

Vas a elegir herramientas diarias, semanales y mensuales para mantener tu higiene mental y emocional. Este será un primer plan, que puedes adaptar según sean tus circunstancias de tiempo, energía y deseos en cada momento.

Rutina diaria

¿Cuándo es mejor para ti hacerla? ¿Cuánto tiempo le quieres dedicar? ¿Qué herramientas vas a practicar diariamente? ¿Cómo lo vas a hacer?

Rutina semanal

¿Cuándo es mejor para ti hacerla? ¿Cuánto tiempo le quieres dedicar? ¿Qué herramientas vas a practicar semanalmente? ¿Cómo lo vas a hacer?

Rutina mensual

¿Cuándo es mejor para ti hacerla? ¿Cuánto tiempo le quieres dedicar? ¿Qué herramientas vas a practicar mensualmente? ¿Cómo lo vas a hacer?

TU BOTIQUÍN DE FELICIDAD

Hay momentos en los que puedes salirte del camino feliz y será de ayuda diseñar tu propio botiquín de felicidad, eligiendo las herramientas que más te alinean y creando un plan de emergencia para que puedas recurrir siempre a él.

Vas a ver qué herramientas te ayudan más a alinearte cuando te sientes mal. Puedes anotarlas en un póster y colgarlo en algún lugar visible de tu casa. De la misma forma que los botiquines de primeros auxilios se colocan en una zona visible, para que tengas acceso a ellos fácilmente y no tengas que estar buscando las vendas cuando te has hecho un corte. Si colocas un póster con tu botiquín de felicidad, en cuanto lo necesites, puedes aplicar los remedios. Las emergencias de felicidad son menos visibles que las emergencias físicas, así que tendrás un mayor motivo para recordártelo.

Otra estrategia para incluir en tu botiquín de felicidad es que, en un momento en el que estés feliz, te grabes un vídeo con un mensaje de amor para ti en el futuro. Puedes enviárselo a una persona de confianza, pidiéndole que te lo reenvíe si no te sientes bien. Este es un ejercicio muy poderoso porque te verás a ti mismo desde un estado más alineado, animándote. Diciéndote cosas como: «Entiendo cómo te sientes; parece que es el fin del mundo, pero no lo es; quiero que sepas que eres poderoso, que puedes conseguir cualquier cosa, que mañana lo verás todo de otra forma, que todo está funcionando...». Es muy agradable y efectivo, te lo recomiendo.

Comprométete con tu plan de emergencia, podrás usarlo siempre que lo necesites. Porque, igual que todo lo que he compartido contigo en este libro, el plan de emergencia funciona si lo usas; si no, no sirve de nada.

EJERCICIO

TU BOTIQUÍN DE LA FELICIDAD

¿Qué herramientas te alinean más cuando no te sientes bien? ¿Cómo las vas a usar? ¿Cuándo vas a hacer tu vídeo de rescate? ¿A quién se lo vas a enviar para que te lo reenvíe en caso de que te sientas mal?

A continuación tienes una plantilla para hacer tu botiquín de la felicidad. Rellénalo con las herramientas que mejor te funcionen, con frases de apoyo, y escríbete por detrás un mensaje de ánimo, desde tu versión feliz hasta una que posiblemente no lo esté tanto.

Antes de la plantilla escribe aquí tus ideas para el botiquín.

BOTIQUÍN DE FELICIDAD

1º ----------------------------

¡Respira!

2º ----------------------------

3º ----------------------------

Tienes un mensaje >

4º ----------------------------

5º ------------------

Foto feliz

PREMIO POR SER FELIZ

Celebra tus éxitos y establece los premios que vas a darte por ser feliz. Porque cuando haces algo bien, mereces premiarte. Además, cuando te premias, tu cerebro genera dopamina que hace que desees premiarte más y, por consiguiente, que haga todo lo necesario para que vuelvas a premiarte. Un reciente estudio del Instituto Tecnológico de Massachussets[117] descubrió que la dopamina se encarga de motivarnos en momentos difíciles, cuando esperamos una recompensa. Así que con cada recompensa, pondrás tu cerebro a tu disposición y lo convertirás en el mejor aliado para tu felicidad.

EJERCICIO

ELABORA TU PREMIO POR SER FELIZ

¿Cómo te vas a premiar? ¿Cuándo? ¿Con quién lo vas a celebrar?

CALENDARIO DE FELICIDAD

Pregúntate, del 0 al 10, ¿qué nivel de felicidad sientes ahora? O de a , ¿cómo dirías que es tu estado de felicidad actual tras haber leído este libro?

A continuación tienes un calendario de felicidad en el que puedes anotar lo feliz que te sientes cada día, y así ir valorando cómo están afectando tus nuevas rutinas a tu nivel de felicidad y alegría. Te recomiendo que te hagas con un calendario y lo coloques en algún sitio visible de tu casa. Además, anota en el calendario una fecha para que dentro de un año le eches un vistazo al libro y a los deseos que has escrito en él. Verás cómo se van cumpliendo…

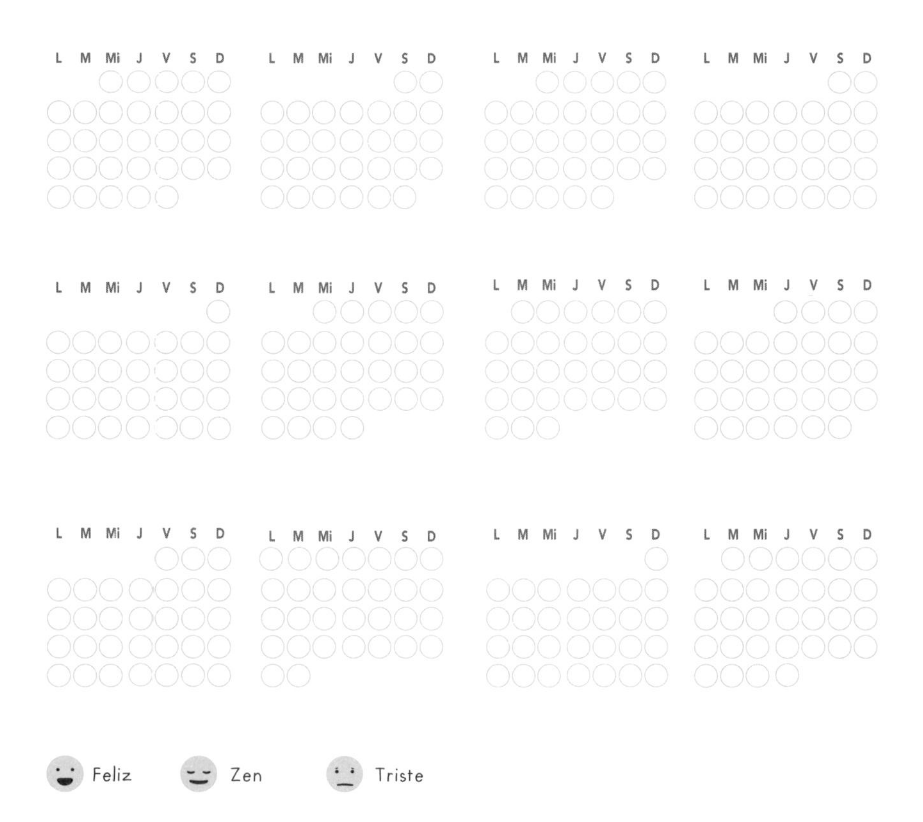

10

HISTORIAS DE ÉXITO

Quiero ofrecerte más gasolina que te inspire en lograr tus deseos. Cambiar tus pensamientos te ayudará a crear una nueva realidad, e imaginar éxitos futuros te permitirá lograrlos. No importa si los éxitos son tuyos o no. Escuchar y apreciar los logros de los demás me ha ayudado a alcanzar el éxito en primera persona. Por eso he querido que este último capítulo esté lleno de testimonios de amigos, clientes y personas famosas, para que te inspires con ellas y abras tu mente a todo lo que es posible también para ti. Es importante que observes cómo te sientes al leerlas y qué pensamientos o creencias se activan en ti. Sé consciente de que lo que rechazas en otra persona te lo estás negando a ti mismo. Y lo que aprecias de otra persona lo estás creando para ti mismo. Esto lo aprendí aparcando en una ciudad como Madrid (ya ves que el coche es un lugar de aprendizaje para mí). Cada vez que intentaba aparcar en una zona con pocas plazas y justo el coche que tenía delante encontraba aparcamiento, mi primera reacción, era de enfado porque «Me lo ha quitado». Si no hacía nada para cambiar esa reacción, cada vez me sentía peor (frustrada, cansada, agobiada...) y tenía pensamientos de escasez y de no ser capaz. Y en efecto, mis pensamientos se hacían realidad y no lograba aparcar. Sin embargo, como ese círculo vicioso no me gustaba nada, aprendí que cada vez que encontraba otro coche aparcando delante de mí, podía cambiar de perspectiva y alegrarme por el conductor: «Enhorabuena, lo has conseguido. Eso me recuerda que es posible aparcar, estoy muy contenta por ti», pensaba. Si he de ser sincera, al principio no me alegraba del todo, pero al final daba el salto emocional y lograba alegrarme de corazón por ellos. Y era entonces cuando encontraba un sitio para mí. De verdad, en el cien por cien de las ocasiones, cuando me alegraba por algo que hubiera conseguido otra persona, lo lograba yo misma también.

HISTORIAS DE ÉXITO

Te propongo a continuación las siguientes historias como una muestra de lo que te puede suceder a ti también. Te invito a que te alegres por cada uno de sus protagonistas e imagines cómo se sintieron al lograr sus objetivos. Reconoce que se lo merecían y que tú también te mereces conseguir tus metas. Y como siempre, si no te sientes bien al leerlo, acéptalo sin juzgarte e inténtalo en otro momento.

TONI COBBS. EL TRABAJO DE MIS SUEÑOS

Toni Cobbs trabajaba para una agencia de viajes en la que no se sentía muy a gusto. Estaba atravesando dificultades económicas y momentos complicados en el trabajo. Una noche, Toni, harta con la situación, empezó a hablar para sí: «Recuerdo haber preguntado qué hago, necesito ayuda, necesito tu orientación». Entonces un pensamiento apareció en su mente: «Cruceros de Dios». Lo tecleó en Google y la compañía Life Journeys apareció en los resultados. Abrió el enlace y vio que organizaban cruceros para los mejores autores de crecimiento personal: Abraham-Hicks, Hay House, Wayne Dyer, Deepak Chopra, Marianne Williamson, etcétera. En ese momento Toni pensó: «¿No sería increíble trabajar para una empresa como esta?». Una empresa íntegra y honesta, con los autores con los que ella creció, sus mentores, sus maestros. Así que les envió un correo electrónico preguntándoles si tenían alguna vacante disponible porque estaba interesada en trabajar para ellos. Tardaron dos meses en contestar pero al final accedieron a hacerle una entrevista. Se reunió con el propietario y el director de marketing. Toni les dijo que era la candidata perfecta, ya que creció con todos esos autores y era una agente de viajes especializada en cruceros con experiencia en la organización de eventos. Le dijeron: «Lo lamentamos, pero no estamos contratando en este momento. Muchas gracias por venir». Ese día, al llegar a casa escribió en su diario: «Me encanta trabajar para Life Journeys, me encanta mi escritorio, me encanta la energía de la oficina, amo a todas las personas con las que trabajo, me respetan, me aprecian y amo a todos los clientes. Y lo mejor de todo es que tengo la oportunidad de llevar a mi hija Tyler conmigo a los cruceros de forma gratuita». Un año más tarde, mientras estaba sentada en el parking donde trabajaba como vigilante, recibió una llamada de Ron Oyer, el dueño de Life Journeys. Le preguntó si le gustaría ir a una entrevista porque tenían una vacante. Por supuesto que dijo que sí... Lleva ocho años trabajando para Life Journeys, ha viajado con varios de esos autores a los que admira y ha podido llevar a su hija a Alaska, su destino favorito.

MYRA MARLOW. FELIZ Y SALUDABLE

Myra se había tomado un año sabático e iba a decidir dónde viviría, ya que por su trabajo tenía el lujo de poder hacerlo en cualquier lugar. Un buen destino era Florida, donde vivía su familia. Fue a San Diego un par de meses y decidió volar a Florida para visitar a su familia y celebrar con ellos su cumpleaños.

Mientras estaba allí, descubrió que tenía una mancha en la nariz: era una herida abierta que tenía mala pinta. No hizo mucho caso, pero el último día de su estancia en Florida decidió visitar a un médico. El doctor se puso muy serio cuando la vio y sus primeras palabras fueron: «No te preocupes. Tengo mucha experiencia con este tipo de cosas y conozco a un gran cirujano al que puedo derivarte». Ella se mantuvo confiada. Le quitó una parte de la piel de la nariz y regresó a San Diego al día siguiente. En San Diego se olvidó del tema. Unas semanas después recibió una llamada: «Myra, tienes cáncer. Tienes que regresar a Florida para recibir tratamiento». La enfermera que la llamó por teléfono le pidió que regresara de inmediato. Decidió hacerlo coincidir con la semana de Acción de Gracias y tener unos días extra para recuperarse del diagnóstico. Siguió disfrutando en San Diego y casi se olvidó de la cita. Un amigo suyo le propuso ir juntos en coche a Florida, sería divertido y así llegarían a tiempo para la cita. Se rieron durante días mientras conducían a través del país. Tuvieron actos de amabilidad al azar (un policía les puso una multa en una nota rosa que colocaron en el espejo retrovisor). Fue un viaje fantástico, derrochaban positivismo y se encontraban muy felices. Myra invitó a su amigo a Walt Disney World porque nunca había estado y como muestra de agradecimiento por todo lo que había hecho por ella. Después lo llevó al aeropuerto y se fue sola al médico: «Estoy aquí para mi tratamiento contra el cáncer». La enfermera miró su historial y no encontró nada relacionado con el cáncer, buscó en todos los archivos y nada. Myra le envió flores y siguió con su vida: feliz, saludable, feliz, saludable, feliz, saludable.

BLANCHE VAN DE STOLPE. FELIZ HASTA PRIMERA

Blanche tenía que viajar a Nueva York por trabajo justo después de volver de un crucero de la Ley de Atracción. Estaba muy feliz y caminaba de buen humor por el pasillo hasta su asiento, que estaba al final del avión. Se sorprendió agradablemente cuando vio que, a pesar de que el avión estaba repleto de gente, tenía un asiento libre a su lado. Comenzó a pensar en la suerte que había tenido y en lo maravilloso que era que ese asiento estuviera libre en un vuelo tan largo. Se sentía muy cómoda y todo estaba fluyendo con mucha facilidad. Las azafatas, muy sonrientes, servían la comida y un instante después ya traían la bebida, y enseguida llegaba el té... Blanche se daba cuenta del cuidado y el cariño de estas profesionales, así que decidió agradecérselo a una de ellas. Unos años atrás ella también fue azafata y era consciente del buen trabajo que estaban haciendo. Otra azafata vino y Blanche le transmitió lo bien que se sentía en el vuelo con su servicio. Cuanto más lo decía, mejor se sentía y más agradecidas se mostraban las azafatas. Así que finalmente se acercó a ella el sobrecargo, que se sentó en el sitio que había libre y le preguntó que cómo estaba llevando el viaje. Otra oportunidad que ella aprovechó para valorar el magnífico trabajo que estaban haciendo. El sobrecargo le preguntó si había viajado alguna vez en primera clase y ella respondió que no. A lo que el sobrecargo le contestó: «¿Qué te parece si te ayudo a mover tus cosas y te acompaño a sentarte delante, en primera?». Blanche aceptó con una gran sonrisa, no se lo podía creer, y disfrutó del resto de su vuelo en primera clase con más espacio para ella, y un abundante flujo de helados, dulces, frutas, bebidas, etcétera.

CHUCK V. DOUBLET. BUSCA UNA PAREJA

La vida de Chuck era normal, fluida. Trabajaba como electricista en proyectos que le gustaban y que suponían para él un desafío. Cuando su jornada laboral terminaba, iba a entrenar al dojo antes de que las clases comenzaran. Las artes marciales se habían convertido para él en el vehículo perfecto de aprendizaje y crecimiento personal, y así transcurría su vida.

Un día su maestro le aconsejó que buscara una pareja. Chuck tenía sus dudas, ya que se consideraba introvertido, sin don de gentes, y las compartió con su acupuntor. Este le dijo que entregara su deseo al universo y permitiera que sucediera. Para Chuck esta recomendación no tenía mucho sentido, pues él había sido educado en el modelo «trabaja para que suceda». Pero decidió abrir su mente.

Chuck escribió en un papel nueve metas para permitir que el universo le trajera lo que deseaba. Y una de ellas era tener una «relación seria y comprometida» con alguien fuerte porque él podía llegar a ser complicado; también tenía que ser inteligente porque le encantaba aprender y ser desafiado intelectualmente, y además independiente y que, como a él, le gustara aprender, crecer y explorar nuevas vías. Eso fue todo, Chuck no añadió ninguna cualidad física o material porque sabía que todo eso podía cambiar a largo plazo.

Dos semanas más tarde, mientras practicaba artes marciales en un nuevo centro, vio que era el momento perfecto para practicar sus «habilidades sociales» y empezó a hablar con una mujer.

La conversación que se había iniciado con un comentario banal derivó en temas de energía, cristales, aura y frecuencia. Él aportó además sus conocimientos sobre chi, matemáticas y física, y en ese instante se dio cuenta de que los dos estaban hablando de lo mismo desde diferentes ángulos. Sintió que había conectado con la mujer y se armó de valor para pedirle su número de teléfono. A partir de ese momento ya no se separaron. La mujer se llama Amy y esto es lo que piensa Chuck:

«Amy es superinteligente, superfuerte, una gran sanadora y mi mejor maestra. Todos los días descubro algo nuevo de ella y me pellizco para ver si estoy soñando. Me siento muy afortunado por tenerla en mi vida. Mereció la pena permitir que sucediera».

JOHANA AÑEZ. «CENTRO DE BIENESTAR»

Johana vivía en Venezuela y quería crear una realidad distinta para los suyos, así que decidió venderlo todo y emigrar con su familia a España. Un día antes de viajar, cuando supuestamente tenía que estar ultimando los detalles de una mudanza transoceánica, sintió el impulso de ir a una meditación a la que la habían invitado. En la meditación se sintió muy bien, en calma y preparada para su cambio de vida. Durante la práctica visualizó la fachada blanca de un local en la que se podía leer «Centro de Bienestar». Johana se alegró y pensó que era un deseo. Una vez en España, navegando por Internet para buscar un lugar en el que meditar, encontró un centro en el que se impartían todas las actividades que a ella le encantaban: meditación, biodanza, coaching y PNL. Se apuntó a una meditación, le encantó el sitio y se volvió una asidua. Un día se fijó en la fachada, era blanca y tenía un cartel que decía «Centro de Bienestar», ¡el lugar que vio en su meditación! Ese lugar es Vidaes, el centro de bienestar y felicidad que he abierto en Madrid. Actualmente Johana es coach y profesora en Vidaes, y juntas impartimos la Escuela de Bienestar en el Hospital Ramón y Cajal. Johana aprendió en Vidaes sobre la Ley de Atracción y es una de nuestras mejores profesoras.

UNA DE LAS MEJORES PINTORAS REALISTAS DEL MUNDO

Todavía no puedo compartir su nombre, pero su historia de manifestación tenía que estar en este libro por lo detallada y especial que es. Esta pintora tenía bastante éxito, sus obras se vendían muy bien, incluso algunas celebridades tenían algunos de sus cuadros, pero se daba cuenta de que el mundo del arte era muy elitista y le surgió el deseo de acercarlo al gran público. Un día, mientras esperaba a un amigo, empezó a imaginar maneras de hacer realidad este deseo. «Sería maravilloso que el arte fuera parte del contenido de los medios de comunicación, de la publicidad, que estuviera en nuestro día a día en lugar de estar encerrado en museos y en casas de personas que pueden permitírselo». Así que se imaginó Nueva York, ciudad donde había vivido unos años, y visualizó sus cuadros proyectados en las pantallas de Times Square y a los viandantes disfrutando de la belleza del arte en plena calle. El arte integrado en el día a día, ¡qué magnífica idea! En ese momento su amigo llegó y aparcó esa idea. Unas semanas después recibió el *e-mail* de un posible comprador que quería visitar su estudio. Una vez reunidos, el comprador le confesó que en realidad era un mecenas y que tenía un plan para patrocinar a varios artistas: elegir a los mejores del mundo en su técnica y hacer una gran presentación a nivel mundial, sincronizada en las mayores capitales del mundo, que tuviera repercusión en los medios de comunicación y el gran público pudiera acceder a esos artistas y a sus obras. Y una de las localizaciones elegidas sería Times Square. Ella se quedó alucinada, era exactamente lo que había imaginado aquel día en su sillón. Por supuesto, comenzaron a trabajar juntos, fue una de las elegidas y en un futuro próximo sabrás quién es.

YANY TORRES. ¡QUÉ BIEN, YO TAMBIÉN QUIERO!

Cuando conocí a Yany, le conté que trabajo desde casa y que vivo entre Madrid y Den Bosch, y ella, con una gran sonrisa de ilusión, me dijo: «¡Qué bien, yo también quiero!». Yany trabaja en el departamento de Recursos Humanos de una empresa de joyería de caballero en Den Bosch. Estaba muy preocupada porque su abuela necesitaba una operación muy costosa, que no cubría la seguridad social, y ella era la única persona en la familia que podía ayudarla económicamente, pero tampoco tenía esa cantidad de dinero.

Hicimos una sesión de coaching antes del verano en la que comenzó a alinearse con el tema económico y a abrir su mente a nuevas posibilidades. Fue una sesión preciosa, se entregó al máximo y le resultó muy fácil crear nuevos pensamientos. Después del verano tuvo el deseo de dejar su trabajo y volver a Cataluña con su familia, aunque no era la mejor decisión a nivel económico, decidió contárselo a sus jefes. Ellos estaban tan contentos con su trabajo que quisieron encontrar una solución para que no se fuera. Así que le subieron el sueldo y le permitieron que cada mes y medio fuera a Cataluña a trabajar tres semanas en remoto. ¡Y ellos le pagaban el billete! Yany aceptó y en su empresa se pusieron tan contentos que, para celebrarlo, le regalaron una pulsera a cada empleado, pulseras que pueden llegar a costar mil euros. Yany no se podía creer lo que había pasado. Además, su abuela recibió otro tratamiento, mejoró de su enfermedad y ya no fue necesario intervenirla. ¡Yany es una gran manifestadora!

GINA MALLISON. DE MADRE SIN INGRESOS A MILLONARIA

Hace solo tres años que Gina era una madre recién divorciada con una deuda de más de sesenta mil dólares, sin ingresos y a punto de trasladarse a vivir con sus padres.

Decidió certificarse en PNL e hipnosis y comenzó a aplicar sus conocimientos todos los días. La situación cambió para ella hace un año y medio, después de escuchar un vídeo de Abraham-Hicks que decía algo así como: «Ahora es el momento... de apagar sus televisores, meditar todos los días, hacer que la alineación sea su prioridad número 1». Desde entonces no ha vuelto a ver la televisión, no consume noticias, ha limpiado sus redes sociales y medita todos los días. Estudia la Ley de Atracción de tres a seis horas por día con la intención de dominar esta práctica: «¡Mi conocimiento siempre se está expandiendo y me encanta aprender a controlar todavía más mis creaciones y mi experiencia!».

Ahora se ha vuelto a casar con el hombre de sus sueños. Son millonarios, viven en una casa de ensueño de 1,3 millones de dólares, tienen tres deportivos de lujo y viajan por todo el mundo.

¿Qué te parecen estas historias? Inspiradoras, ¿verdad? Estos son solo ejemplos de lo que sucede cuando tu felicidad es tu prioridad. Me parece que ya tienes unos cuantos. Espero que te hayas ilusionado y tengas ganas de conseguir cosas maravillosas con el poder que hay en ti. ¡Estoy deseando que me las cuentes! Es una de las cosas que más feliz me hace de mi trabajo, cuando mis clientes me dicen: «No te vas a creer lo que me ha pasado...». Y comienzan a contarme una historia maravillosa llenos de ilusión. Y yo me contagio de su felicidad y recuerdo que todo es posible, que merecemos ser felices y que, cuando lo somos, la vida se pone de nuestro lado.

Te agradezco de corazón que hayas compartido este viaje conmigo...

NOTA PARA EL LECTOR

¡Enhorabuena por haber llegado al final! Enhorabuena por haberte comprometido con tu felicidad, por ser tu prioridad número uno. Estoy muy orgullosa de ti.

Espero que nuestra conexión te haya traído felicidad y facilidad a tu vida, a mí me ha encantado colarme en la tuya. Y me gustaría seguir en contacto contigo en el grupo de Gente Feliz ¡ya! en Facebook. Ojalá tengas un día maravilloso, una semana estupenda, un mes increíble y un año alucinante.

Préstale o recomiéndale este libro a quien se pueda beneficiar de él, ¡sigue expandiendo la felicidad!

Nos vemos en nuestra próxima conexión feliz.

¡Cuídate mucho y sé feliz!

¿Y AHORA QUÉ?

Ser feliz es posible, y no solo posible, además es productivo, ya que se convertirá en tu llave al éxito. Todos podemos ser más felices ahora, y cuando demos ese primer paso hacia la satisfacción, crearemos un impulso que hará que el resto venga solo. Puede que todavía no te creas lo que te cuento, y está bien, ya que mi propósito es transmitir mi mensaje a aquellos que resuenan con él. Sin embargo, te preguntaría: ¿no merece la pena intentarlo?, ¿no te apetece comprobarlo por ti mismo?

Puedes disfrutar de todas estas herramientas e incorporarlas a tu día a día. Son tuyas, es mi regalo para ti. Te aseguro que si las practicas en serio vas a encontrar resultados extraordinarios. Utiliza las rutinas que has diseñado, tu botiquín de la felicidad, prueba herramientas nuevas, todo lo que se te ocurra para entrenar tu estado de felicidad. Al principio el resultado será una sensación momentánea de bienestar y felicidad. Después, a medida que sigas practicando, esta sensación se irá prolongando en el tiempo hasta convertirse en la nueva normalidad. Una vez que has logrado ese estado, tu vida comenzará a actualizarse al nuevo nivel y verás que tus deseos se convierten en realidad.

Si estás comprometido a lograrlo, te ayudará conocer a personas que se encuentren en tu mismo proceso de búsqueda de la felicidad, y te será muy fácil conectar con ellas. No necesitas salir a la calle y preguntar en cada rincón quién quiere ser feliz. Tenemos nuestro grupo de Facebook de Gente Feliz ¡ya!, lo reconocerás porque tiene la foto de la portada del libro. En el grupo podrás compartir tus aprendizajes y tus dudas, así como recibir inspiración. El grupo además te servirá de recordatorio para seguir centrado en la felicidad y que no caigas en otro tipo de patrones antiguos. Y cuando compartas en él tus experiencias, no solo el resto de participantes se beneficiarán, sino que crearás una espiral de alegría que acabará llegando nuevamente hacia ti, contagiándote más todavía de felicidad. No des por ciertas mis palabras, compruébalo por ti mismo.

Puedes lograrlo, estoy segura. Te veo alcanzando tu máximo potencial y viviendo la vida que una vez te propusiste. De hecho, sé que ya lo estás haciendo. Y puedes hacerlo sin ayuda externa. Sin embargo, quiero que sepas que estoy aquí para acompañarte y celebrar contigo esta decisión maravillosa de ser feliz.

Encontrarás las formas que tenemos de trabajar juntos en mi web: www.aliciacarrasco.com.

Y, por supuesto, nos vemos en el grupo de Facebook de Gente Feliz ¡ya!

¡Hasta ahora!

«Sé feliz por este momento. Este momento es tu vida».

Omar Khayyam

REFERENCIAS BIBLIOGRÁFICAS

[1] Robbins, T.: Entrevista a Tony Robbins en CNBC con Kathleen Elkins, @kathleen_elk, 26 de enero de 2017.

[2] Wilber, K.: *Gracia y coraje, en la vida y muerte de Treya Killam Wilber*. Madrid (Móstoles), Gaia Ediciones, 2014.

[3] Terbeck, S., Savulescu, J., Chesterman, L. P. y Cowen, P. J.: «Noradrenaline effects on social behaviour, intergroup relations, and moral decisions». *Neuroscience & Biobehavioral Reviews*, 66, julio 2016: 54-60.

[4] Mongrain, M. y Anselmo-Matthews, T.: «Do positive psychology exercises work? A replication of Seligman *et al.*». *Journal of Clinical Psychology*, 68(4), 2012: 382-389.

[5] Olvera Cortés, M. E., Anguiano Rodríguez, P., López Vázquez, M. A. y Cervantes Alfaro, J. M.: «Serotonin/dopamine interaction in learning». *Progress in Brain Research*, 172, 2008: 567-602.

[6] Robbins, T.: @tonyrobbins, 2 de enero de 2018.

[7] Campagne, D. M.: «Teoría y fisiología de la meditación». *Cuadernos de Medicina Psicosomática y Psiquiatría de Enlace*, 69-70, 2004: 15-30.

[8] Kasala, E. R., Bodduluru, L. N., Maneti, Y. y Thipparaboina, R.: «Effect of meditation on neurophysiological changes in stress mediated depression». *Complementary Therapies in Clinical Practice*, 20(1), febrero 2014: 64-80.

[9] Dunlop, J.: «Meditation, stress relief, and well-being». *Radiologic Technology*, 86(5), mayo-junio 2015: 535-555; quiz, 556-9.

[10] Greenberg, J., Reiner, K. y Nachshon, M.: «Mind the trap: mindfulness practice reduces cognitive rigidity». *PLoS ONE,* 7(5), 2012.

Zeiden, F., Johnson, S. K., Diamond, B. J., David, Z. y Goolkasian, P.: «Mindfulness meditation improves cognition: Evidence of brief mental training». *Consciousness and Cognition,* 19(2), junio 2010: 597-605.

[11] Davoli, C. C. y Abrams, R. A.: «Reaching out with the imagination». *Psychological Science,* 20(3), 2009: 293-295.

[12] Edmonds, D.: «Natán Sharansky: How chess kept one man sane». *BBC News Magazine,* 3 de enero de 2014, en: https://www.bbc.com/news/magazine-25560162.

[13] LeVan, A.: «Seeing is believing: The power of visualization». *Psychology Today* (blog), 3 de diciembre de 2009, en: https://www.psychologytoday.com/us/blog/flourish/200912/seeing-is-believing-the-power-visualization.

[14] Clark, B. C., Mahato, N. K., Nakazawa, M., Law, T. D. y Thomas, J. S.: «The power of the mind: the cortex as a critical determinant of muscle strength/weakness». *Journal of Neurophysiology,* 112(12), diciembre 2014: 3219-3226.

[15] Gable, S. L., Reis, H. T., Impett, E. A. y Asher, E. R.: «What do you do when things go right? The intrapersonal and interpersonal benefits of sharing positive events». *Journal of Personality and Social Psychology,* 87(2), agosto 2004: 228-245.

[16] Baraz, J. y Alexander, S.: «The helper's high». *Greater Good Magazine,* 1 de febrero de 2010, en: https://greatergood.berkeley.edu/article/item/the_helpers_high.

[17] VV. AA.: «What is positive psychology?». Recopilatorio de artículos en inglés sobre Psicología positiva en *Psychology Today* (blog), en: https://www.psychologytoday.com/intl/basics/positive-psychology.

Diener, E. y Seligman, M. E.: «Very happy people». *Psychological Science,* 13, 2002: 81-84.

[18] Brickman, P., Coates, D. (Universidad Northwestern) y Janoff-Bulman, R. (Universidad de Massachusetts): «Lottery winners and accident victims: is happiness relative?». *Journal of Personality and Social Psychology,* 36(8), 1978: 917-927.

[19] Véase: https://www.ted.com/talks/shawn_achor_the_happy_secret_to_better_work.

[20] Fiorella, L. y Mayer, R. E.: «The relative benefits of learning by teaching and teaching expectancy». *Contemporary Educational Psychology,* 38(4), octubre 2013: 281-288.

[21] Elliot, A. J. y Thrash, T. M.: «Approach-avoidance motivation in personality: Approach and avoidance temperaments and goals». *Journal of Personality and Social Psychology,* 82(5), 2002: 804-818.

[22] Lyubomirsky, S., King, L. y Diener, E.: «The benefits of frequent positive affect: does happiness lead to success?». *Psychological Bulletin,* 131(6), 2005: 803-855.

[23] Fredrickson, B. L. y Branigan, C.: «Positive emotions broaden the scope of attention and thought-action repertoires». *Cognition and Emotion,*19(3), 2005: 313-332.

[24] Diener, E., Wolsic, B. y Fujita, F.: «Physical attractiveness and subjective well-being». *Journal of Personality and Social Psychology,* 69, 1995: 120-129.

[25] Schimmack, U., Oishi, S., Furr, R. M. y Funder, D. C.: «Personality and life satisfaction: A facet-level analysis». *Personality and Social Psychology Bulletin,* 30, 2004: 1062-1075.

[26] Rimland, B.: «The altruism paradox». *Psychological Reports,* 51, 1982: 521-522.

[27] King, L. A. y Napa, C. N.: «What makes a life good?». *Journal of Personality and Social Psychology,* 75, 1995: 156-165.

[28] Mathes, E. W. y Kahn, A.: «Physical attractiveness, happiness, neuroticism, and self-esteem». *Journal of Psychology,* 90, 1975: 27-30.

[29] Veenhoven, R. (Ed.): *How harmful is happiness? Consequences of enjoying life or not.* Rotterdam (Países Bajos), Universitaire Pers Rotterdam, 1989.

[30] Verkley, H. y Stolk, J.: «Does happiness lead into idleness?». Capítulo 8 del libro *How harmful is happiness? Consequences of enjoying life or not.* Rotterdam (Países Bajos), Universitaire Pers Rotterdam, 1989, pp. 79-93.

[31] Danner, D., Snowdon, D. y Friesen, W.: «Positive emotions in early life and longevity. Findings from the nun study». *Journal of Personality and Social Psychology,* 80, 2001: 804-813.

[32] Cohen, S., Doyle, W. J., Turner, R. B., Alper, C. M. y Skoner, D. P.: «Emotional style and susceptibility to the common cold». *Psychosomatic Medicine,* 65, 2003: 652-657.

[33] Smith, A. M., Stuart, M. J., Wiese-Bjornstal, D. M. y Gunnon, C.: «Predictors of injury in ice hockey players: A multivariate, multidisciplinary approach». *American Journal of Sports Medicine,* 25, 1997: 500-507.

[34] Veenhoven, R.: «Healthy happiness: effects of happiness on physical health and the consequences for preventive health care». *Journal of Happiness Studie*s, 9(3), septiembre 2008: 449-469.

[35] Web especializada en la investigación de Harvard sobre el desarrollo adulto (ahora centrado en la segunda generación), en: https://www.adultdevelopmentstudy.org/.

[36] Marks, G. N. y Fleming, N.: «Influences and consequences of well-being among Australian young people: 1980-1995». *Social Indicators Research,* 46(3), 1999: 301-323.

[37] Baldassare, M., Rosenfield, S. y Rook, K. S.: «The types of social relations predicting elderly well-being». *Research on Aging*, 6, 1984: 549-559.

Lee, G. R. e Ishii-Kuntz, M.: «Social interaction, loneliness, and emotional well-being among the elderly». *Research on Aging*, 9, 1987: 459-482.

[38] Mishra, S.: «Leisure activities and life satisfaction in old age: A case study of retired government employees living in urban areas». *Activities, Adaptation and Aging*, 16, 1992: 7-26.

[39] Phillips, D. L.: «Mental health status, social participation, and happiness». *Journal of Health and Social Behavior*, 8, 1967: 285-291.

[40] Requena, F.: «Friendship and subjective well-being in Spain: A cross-national comparison with the United States». *Social Indicators Research*, 35, 1995: 271-288.

[41] Pinquart, M. y Sorensen, S.: «Influences of socioeconomic status, social network, and competence on subjective well-being in later life: A meta-analysis». *Psychology and Aging*, 15, 2000: 187-224.

[42] Diener, E. y Seligman, M. E. P.: «Very happy people». *Psychological Science*, 13, 2000: 81-84.

Cooper, H., Okamura, L. y Gurka, V: «Social activity and subjective well-being». *Personality and Individual Differences*, 13, 1992: 573-583.

[43] Estadísticas de Virgin en: https://www.statista.com/statistics/290057/virgin-media-revenue/.

[44] Fredrickson, B. L. y Branigan, C.: «Positive emotions broaden the scope of attention and thought-action repertoires». *Cognition and Emotion*, 19(3), mayo 2005: 313-332.

[45] Lyubomirsky, S., King, L. y Diener, E.: «The benefits of frequent positive affect: does happiness lead to success?». *Psychological Bulletin*, 131(6), 2005: 803-855.

[46] Staw, B. M., Sutton, R. I. y Pelled, L. H.: «Employee positive emotion and favorable outcomes at the workplace». *Organization Science*, 5(1), 1994: 51-71.

[47] Connolly, J. J. y Viswesvaran, C.: «The role of affectivity in job satisfaction: A meta-analysis». *Personality and Individual Differences*, 29(2), 2000: 265-281.

[48] Tait, M., Padgett, M. Y. y Baldwin, T.: «Job and life satisfaction: A reevaluation of the strength of the relationship and gender effects as a function of the date of the study». *Journal of Applied Psychology*, 74(3), 1989: 502-507.

[49] Weiss, H. M., Nicholas, J. P. y Daus, C. S.: «An examination of the joint effects of affective experiences and job beliefs on job satisfaction and variations in affective experiences over time». *Organizational Behavior and Human Decision Processes*, 78(1), 1999: 1-24.

[50] Judge, T. A. y Hurst, C.: «How the rich (and happy) get richer (and happier): Relationship of core self-evaluations to trajectories in attaining work success». *Journal of Applied Psychology*, 93(4), 2008: 849-863.

[51] Staw, B. M., Sutton, R. I. y Pelled, L. H.: «Employee positive emotion and favorable outcomes at the workplace». *Organization Science*, 5(1), febrero 1994: 51-71.

[52] Roberts, B. W., Caspi, A. y Moffitt, T. E.: «Work experiences and personality development in young adulthood». *Journal of Personality and Social Psychology*, 84(3), 2003: 582-593.

[53] Kipnis, D. y Vanderveer, R.: «Ingratiation and the use of power». *Journal of Personality and Social Psychology*, 17(3), 1971: 280-286.

[54] Faber, N.: «The law of attraction revisited». *Psychology Today* (blog), 4 de enero de 2014, en: https://www.psychologytoday.com/us/blog/the-blame-game/201401/the-law-attraction-revisited.

[55] De Rujula, A.: «El vacío y la nada». *El País*, 24 de septiembre de 2008, en: https://elpais.com/diario/2008/09/24/futuro/1222207201_850215.html.

[56] Rubio Hancock, J.: «¿De qué color es ese vestido?». *El País*, 27 de febrero de 2015, en: https://verne.elpais.com/verne/2015/02/27/articulo/1425025733_797891.html.

[57] Lao Tzu: *Tao Te Ching*. Madrid (Móstoles), Gaia Ediciones (Colección Sabiduría y tradición), 2007.

[58] Stern-Gillet, S. y Corrigan, K.: *Reading ancient texts. Vol. 1. Essays in honor of Denis O'Brien*. Serie Brill's Studies in Intellectual History, Reading Ancient Texts (libro 161), Brill Academic Publishers, 2008.

[59] Luz, U.: *El evangelio según san Mateo I (Mt 1-7)*. Salamanca, Ediciones Sígueme (Colección Biblioteca Estudios Bíblicos), 2010.

[60] Oden, T. C.: *Evangelio según san Marcos*. Madrid, Editorial Ciudad Nueva (Colección La Biblia comentada por los Padres de la Iglesia), 2016.

[61] Transcripción de la Jornada de Neuroeconomía y Neuromarketing, 27 de abril de 2010, en: http://neuromarca.com/blog/jornada-neuroeconomia-madrid/.

[62] Schmitz, T. W., De Rosa, E. y Anderson, A. K.: «Opposing influences of affective state valence on visual cortical encoding». *The Journal Neuroscience*, 29, 2009: 7199-7207.

[63] Fredrickson, B. L. y Branigan, C.: «Positive emotions broaden the scope of attention and thought-action repertoires». *Cognition and Emotion*, 19(3), 2005: 313-332.

[64] Clore, G. L., Wyer Jr., R. S., Dienes, B., Gasper, K., Gohm, C. e Isbell, L.: «Affective feelings as feedback: some cognitive consequences». Capítulo incluido en el libro *Theories of mood and cognition: A user's guidebook*. Mahwah (Nueva Jersey), Lawrence Erlbaum Associates Publishers, 2001, pp. 27-62.

[65] Fredrickson, B. L., Tugade, M. M., Waugh, C. E. y Larkin, G. R.: «What good are positive emotions in crises?: A prospective study of resilience and emotions following the terrorist attacks on the United States on September 11, 2001». *Journal of Personality and Social Psychology*, 84(2), 2003: 365-376.

[66] Fredrickson, B. L. y Levenson, R. W.: «Positive emotions speed recovery from the cardiovascular sequelae of negative emotions». *Cognition and Emotion*, 12(2), 1998: 191-220.

[67] Carver, C. S.: «Pleasure as a sign you can attend to something else: Placing positive feelings within a general model of affect». *Cognition and Emotion*, 17(2), 2003: 241-261.

[68] Lyubomirsky, S. y Tucker, K. L.: «Implications of individual differences in subjective happiness for perceiving, interpreting, and thinking about life events». *Motivation and Emotion*, 22(2), 1998: 155-186.

[69] Judge, T. A. y Higgins, C. A.: «Affective disposition and the letter of reference». *Organizational Behavior and Human Decision Processes*, 75(3), 1998: 207-221.

[70] Gladow, N. W. y Ray, M. P.: «The impact of informal support systems on the well-being of low income single parents». *Family Relations*, 35(1), 1986: 113-123.

[71] Mayer, J. D., Mamberg, M. H. y Volanth, A. J.: «Cognitive domains of the mood system». Journal of Personality, 56(3), 1988: 453-486.

[72] Berscheid, E.: «The human's greatest strength: Other humans». Capítulo incluido en el libro *A psychology of human strengths: Fundamental questions and future directions for a positive psychology*. Aspinwall, L. G. y Staudinger, U. M. (Eds.), San Francisco, Berrett Koehler, 2003.

[73] Madon, S., Willard, J., Guyll, M. y Scherr, K. C.: «Self-fulfilling prophecies: mechanisms, power, and links to social problems». *Social and Personality Psychology Compass*, 5(8), 2011: 578-590.

[74] Yousif, M. E.: «The double slit experiment re-explained». *IOSR Journal of Applied Physics*, 8(4), julio-agosto 2016: 86-98.

[75] Radin, D. I. y Nelson, R. D.: «Evidence for consciousness-related anomalies in random physical systems». *Foundations Physics*, 19(12), 1989: 1499-1514.

[76] «Mind over matter: controlling individual neurons» es un estudio de neurocientíficos de la UCLA y de Caltech que muestra que ejercemos conscientemente control sobre neuronas individuales, en: http://neurosurgery.ucla.edu/mind-over-matter.

[77] Hassabis, D. y Maguire, E. A.: «The construction system of the brain». *Philosophical Transactions of the Royal Society B: Biological Sciences*, 364(1521), 2009: 1263-1271.

[78] Conroy, D. y Hagger, M. S.: «Imagery interventions in health behavior: A meta-analysis». *Health Psychology*, 37(7), julio 2018: 668-679.

[79] Jackson, J.: «Wayne Rooney reveals visualisation forms important part of preparation». *The Guardian*, 17 de mayo de 2012, en: https://www.theguardian.com/football/2012/may/17/wayne-rooney-visualisation-preparation.

[80] Richardson, A.: «Mental practice: a review and discussion, Part I». *Research Quarterly*, 38(1), 1967: 95-107.

[81] Watkins, E. R.: «Constructive and unconstructive repetitive thought». *Psychological Bulletin*, 134(2), 2008: 163-206.

[82] Pillay, S.: «Is there scientific evidence for the "Law of Attraction"?». *Huffpost*, 17 de marzo de 2009, en: https://www.huffpost.com/entry/is-there-scientific-evide_b_175189.

[83] Blakeslee, S.: «Cells that read minds». *New York Times*, 10 de enero de 2006, en: https://www.nytimes.com/2006/01/10/science/cells-that-read-minds.html.

[84] Hamm, A. O., Weike, A. I., Schupp, H. T., Treig, T., Dressel, A. y Kessler, C.:«Affective blindsight: intact fear conditioning to a visual cue in a cortically blind patient». *Brain*, 126(2), 2003: 267-275.

[85] Ajzen, I.: «From intentions to actions: A theory of planned behavior». Capítulo incluido en el libro *Action control: From cognition to behavior,* (Eds.) Kuhl, J. y Beckmann, J., Berlín, Heidelberg, SSSP Springer Series in Social Psychology, 1985.

[86] Wilda, B., Erbb, M. y Bartelsa, M.: «Are emotions contagious? Evoked emotions while viewing emotionally expressive faces: quality, quantity, time course and gender differences». *Psychiatry Research*, 102(2), 2001: 109-124.

[87] Lowery, G.: «Study showing that humans have some psychic powers caps Daryl Bem's career». *Cornell Chronicle*, 6 de diciembre de 2010, en: http://news.cornell.edu/stories/2010/12/study-looks-brains-ability-see-future.

[88] La cita de Andréi Linde está referenciada en Lanza, R.: *Biocentrism: how life and consciousness are the keys to understanding the Universe.* Dallas (Texas), BenBella Books, 2010.

[89] Wheeler, J. A.: *Information, physics, quantum: the search for links.* Departamento de Física, Universidad de Princeton, 1989.

[90] McCraty, R.: *Science of the heart. Exploring the role of the heart in human performance. Vol. 2.* Boulder Creek (California), HeartMath, 2015.

[91] Garfinkel, S., y Critchley, H. D.: «Interoception, emotion and brain: new insights link internal physiology to social behaviour» (Comentario sobre «Anterior insular cortex mediates bodily sensibility and social anxiety» por Terasawa *et al.*). *Social Cognitive and Affective Neuroscience*, 8(3), marzo 2013: 231-234.

[92] Peterson, C., Park, N. y Seligman, M. E. P.: «Orientations to happiness and life satisfaction: the full life versus the empty life». *Journal of Happiness Studies,* 6, 2005: 25-41.

[93] Zak, P. J.: «Why inspiring stories make us react: the neuroscience of narrative». *Cerebrum: the Dana Forum on Brain Science,* enero-febrero 2015.

[94] Fiorella, L. y Mayer, R. E.: «The relative benefits of learning by teaching and teaching expectancy». *Contemporary Educational Psychology,* 38(4), octubre 2013: 281-288.

[95] Chamberlain, J. M. y Haaga, D. A. F.: «Unconditional self-acceptance and psychological health». *Journal of Rational-Emotive and Cognitive-Behavior Therapy,* 19(3), 2001: 163-176.

[96] Najmi, S. y Wegner, D. M.: «Hidden complications of thought suppression». *International Journal of Cognitive Therapy,* 2(3), 2009: 210-223.

[97] Para saber más del autor y guía espiritual Matt Kahn, véase: https://mattkahn.org.

[98] Definición del término de referencia «Emoción» en: https://www.sciencedaily.com/terms/emotion.htm.

[99] Izard, C. E.: «Emotion theory and research: highlights, unanswered questions, and emerging issues». *Annual Review of Psychology,* 60(1), 2009: 1-25.

[100] Csíkszentmihályi, M.: «Play and intrinsic rewards». *Journal of Humanistic Psychology,* 15(3), 1975: 41-63.

[101] Pert, C. B.: «Hardwired for bliss». Artículo en su web personal, en: http://candacepert.com/hardwired-for-bliss/.

[102] Hicks, E. y Hicks, J.: *Pide y se te dará.* Madrid, Urano, 2006. www.AbrahamHicks.com; teléfono de contacto: (830) 755-2299.

[103] Definición del término de referencia «Pensamiento» en: https://www.sciencedaily.com/terms/thought.htm.

[104] Balcetis, E. y Dunning, D.: «See what you want to see: motivational influences on visual perception». *Journal of Personality and Social Psychology,* 91(4), octubre 2006: 612-625.

[105] Fredrickson, B. L.: «The role of positive emotions in positive psychology: The broaden-and-build theory of positive emotions». *American Psychologist,* 56(3), 2001: 218-226.

[106] Eroglu, C. y Barres, B. A.: «Regulation of synaptic connectivity by glia». *Nature,* 468(7321), 2010: 223-231.

[107] Hofmann, W., Baumeister, R. F., Förster, G. y Vohs, K. D.: «Everyday temptations: an experience sampling study of desire, conflict, and self-control». *Journal of Personality and Social Psychology,* 102(6), junio 2012: 1318-1335.

[108] Lindqvist, E., Östling, R. y Cesarini, D.: «Long-run effects of lottery wealth on psychological well-being». *IFN Working Paper,* 1220, junio 2018.

[109] Pascual-Leone, A., Nguyet, D., Cohen, L. G., Brasil-Neto, J. P., Cammarota, A. y Hallett, M.: «Modulation of muscle responses evoked by transcranial magnetic stimulation during the acquisition of new fine motor skills». *Journal of Neurophysiology,* 74(3), septiembre 1995: 1037-1045.

[110] Wilde, O.: *El retrato de Dorian Gray.* Madrid, Valdemar, 2007.

[111] Moore, S. y Oaksford, M. (Eds): *Emotional cognition: From brain to behaviour.* (Capítulo 11, Ashby, F. G., Valentin, V. V. y Turken, A. U.: «The effects of positive affect and arousal on working memory and executive attention neurobiology and computational models», pp. 245-287). Amsterdam, John Benjamins, 2002.

[112] Harvey, C. D., Coen, P. y Tank, D. W.: «Choice-specific sequences in parietal cortex during a virtual-navigation decision task». *Nature,* 484(7392), 2012: 62-68.

[113] Herwig, A. y Waszak, F.: «Action-effect bindings and ideomotor learning in intention and stimulus-based actions». *Frontiers in Psychology,* 3(444), 2012: 1-18.

[114] Rovira, A.: «¿Buena suerte? ¿Mala suerte? ¡Quién sabe!». Blog de Álex Rovira, sección Reflexiones, en: http://www.alexrovira.com/reflexiones/blog/articulo/buena-suerte-mala-suerte-quien-sabe.

[115] Hicks, E. y Hicks, J.: *El vórtice.* Madrid, Uranc, 2010. www.AbrahamHicks.com; teléfono de contacto: (830) 755-2299.

[116] Histed, M. H., Pasupathy, A. y Miller, E. K.: «Learning substrates in the primate prefrontal cortex and striatum: sustained activity related to successful actions». *Neuron,* 63(2), julio 2009: 244-53.

[117] Westbrook, A. y Braver, T. S.: «Dopamine does double duty in motivating cognitive effort». *Neuron,* 89(4), febrero 2016: 695-710.